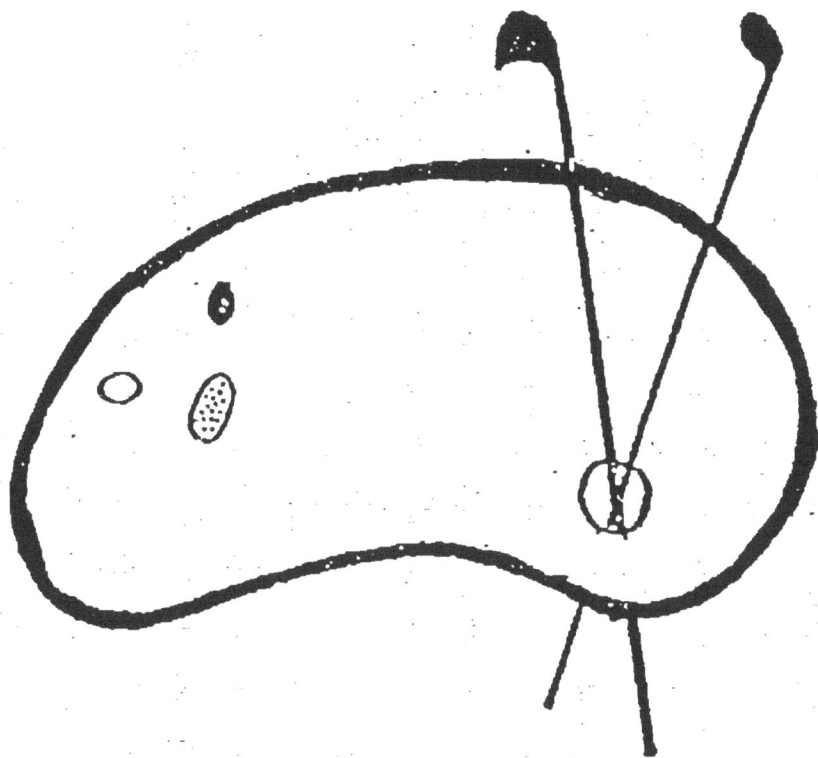

DEBUT D'UNE SERIE DE DOCUMENTS
EN COULEUR

PIERRE DUFAY

LES

Sociétés Populaires

et

l'Armée

(1791-1794)

Documents inédits

PARIS (IX°)

H. DARAGON, Libraire - Editeur

96 - 98, Rue Blanche, 96 - 98

Copyright by H. Daragon — 1913

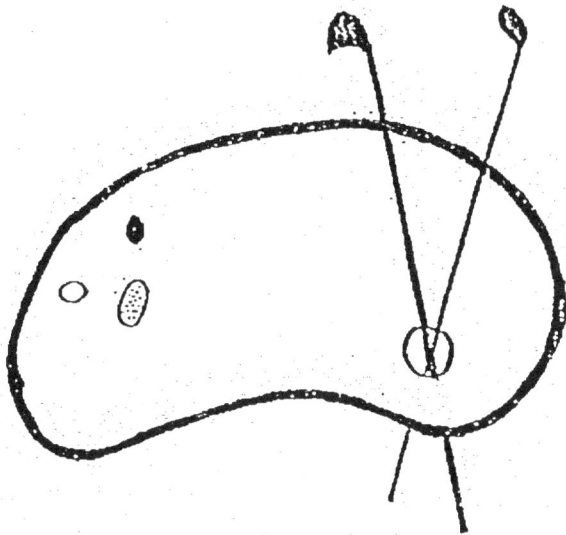

FIN D'UNE SERIE DE DOCUMENTS
EN COULEUR

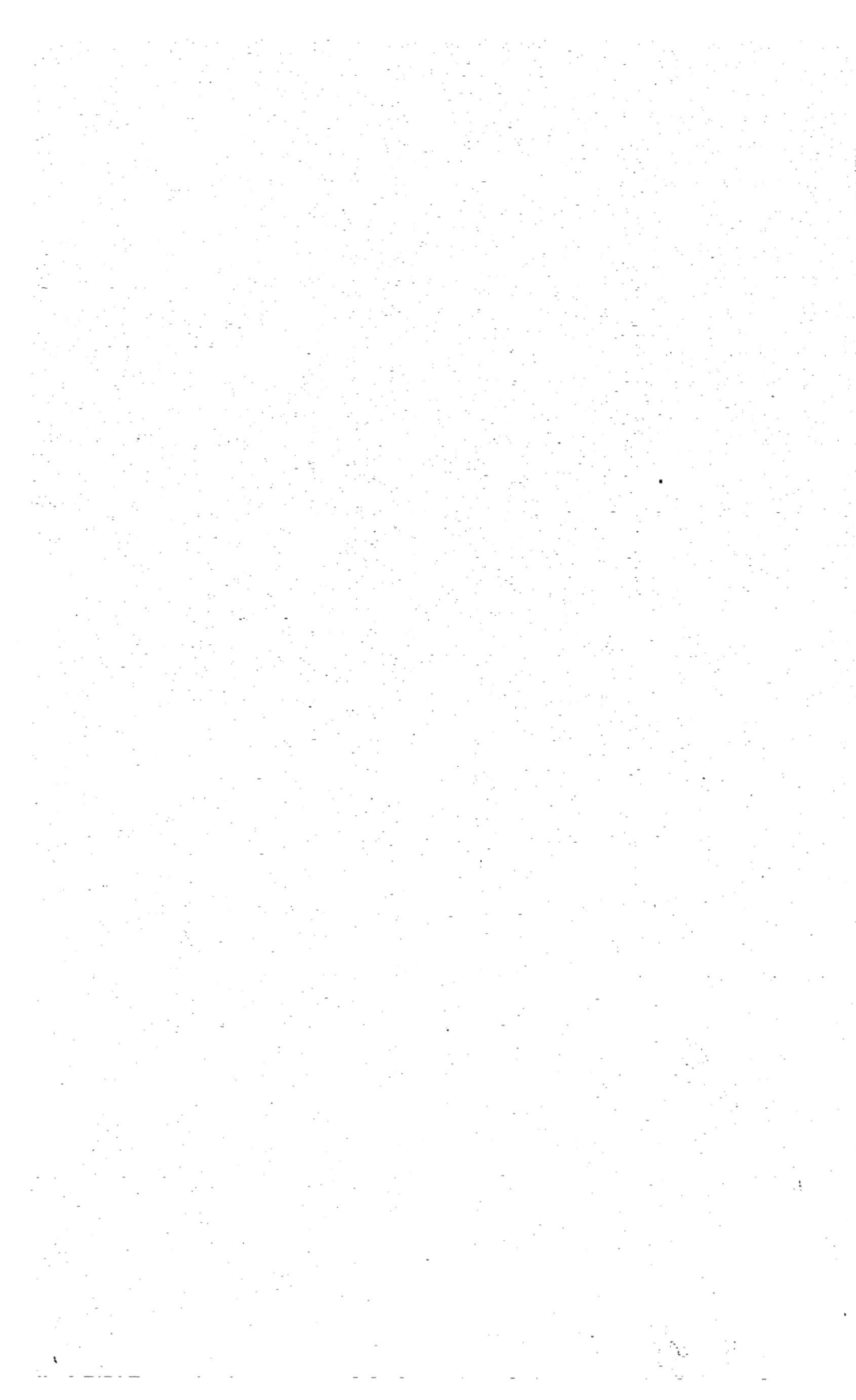

LES SOCIÉTÉS POPULAIRES ET L'ARMÉE

DU MÊME AUTEUR

Victor Hugo à vingt ans.

Paris, Mercure de France, 1909, in-12.

Napoléon en Loir-et-Cher.

Paris, H. Champion, 1909, in-8.

Bibliographie sommaire de la première et de la deuxième Armée de la Loire.

Paris, H. Champion, 1909, in-8.

Le 75e Mobiles. - Court historique d'un Régiment.

Paris, H. Champion, 1909, in-8.

Journaux inédits de Jean Desnoyers et d'Isaac Girard.

Paris, H. Champion, 1912, in-8.

PIERRE DUFAY

LES

Sociétés Populaires

ET L'ARMÉE

(1791-1794)

PARIS

H. DARAGON, Editeur

96, 98, rue Blanche, 96, 98

1913

Deux registres, conservés à la Bibliothèque municipale de Blois, des procès-verbaux des *Amis de la
Constitution* et de la *Société populaire révolutionnaire
régénérée de Blois*, m'ont fourni l'idée et le fond de ce
travail.

Ces deux sociétés et les inconnus qui les composaient
n'étaient qu'un anneau de la chaîne que formaient, par
tout le royaume, les sociétés populaires. La France la
traînait après elle, comme un forçat son boulet, dans ce
nouveau bagne qu'était pour elle la liberté.

Les Amis de la Constitution, autrement dit les
Jacobins, furent les grands désorganisateurs de l'armée.
Ces gens, qui se disaient patriotes, en avaient la haine
et sa désorganisation semble avoir été le but suprême
de leurs efforts.

Dénonciations et délations, ils furent les inventeurs
du régime détestable des " fiches ". Il avait atteint du
premier coup sa perfection et jamais, peut-être, son
effet ne fut aussi pernicieux.

C'est un côté, ou plutôt un à-côté de l'histoire de la
Révolution assez peu connu, c'est pourquoi j'ai cru bon
d'emprunter aux Amis de la Constitution ces procès-
verbaux oubliés de leurs délibérations.

Paris, ce 20 Mars 1913.

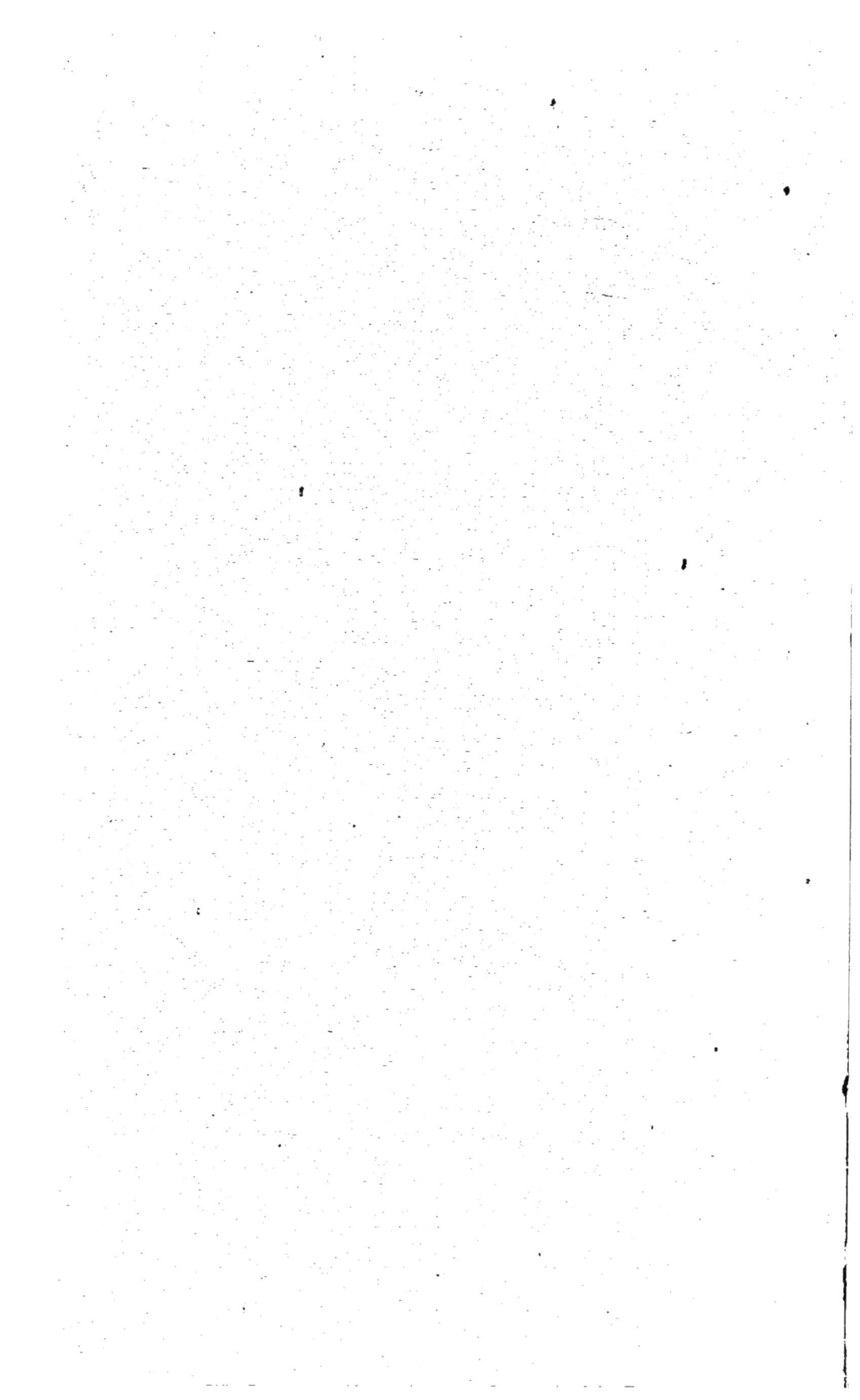

Les Sociétés Populaires
ET L'ARMÉE

I

Les Amis de la Constitution. — Leur affiliation aux Jacobins. — Leur composition : aigrefins, naïfs et illettrés. — Leur veulerie. — La haine de l'armée. — Sa désorganisation est leur but constant. — Les dénonciations. — Le régime des « fiches ».

Le onze avril 1791, les sociétés réunies de la Poissonnerie et du Marché-Neuf formant, à Blois, la Société des Amis de la Constitution (1), rece-

(1) Les deux Sociétés réunies avaient tenu leur première séance le 20 mars 1791, sous la présidence au sieur Laurent-Roger Diacre.

Aux *Amis de la Constitution* succéda la *Société popu_ laire révolutionnaire et régénérée de Blois*, dont le registre des délibérations commence au 1er germinal an II, (21 mars 1794.)

Il existe un *Règlement de la Société populaire révolutionnaire et montagnarde régénérée de la commune de Blois*. (Blois, J.-F. Billault, 'S. D, in-8, de 32 p.)

La Bibliothèque de Blois possède également une *Copie de l'adresse des Amis de la Constitution de Blois aux Amis de la Constitution de Nantes*. (Blois, J. P. J. Masson, 1791, in-4, de 8 p.)

On trouvera, en outre, à la Bibliothèque Nationale :

vaient avis de leur affiliation à celle des Jacobins de Paris.

M. Alexandre de Beauharnais (1), major en second du régiment de la Sarre infanterie, député de la noblesse du bailliage de Blois aux Etats-Généraux de 1789 et depuis président du club des Jacobins, ou plutôt des Amis de la Constitution

---

Inauguration du buste de Désilles par la Société des Amis de la Constitution de la ville de Blois, (Blois, 1791, in-4 ; Lb-40-900,) et *Adresse aux vrais amis de la Constitution*, [signé : les Amis de la Constitution de Blois, 16 juin 1791]. (N. D. in-4 ; Lb-40-2560.)

Enfin, la Bibliothèque Nationale possède ces deux imprimés émanant de la *Société des Amis de la Liberté et de l'Egalité*, dont les registres ont disparu et qui précéda la Société populaire régénérée :

Les Amis de la Liberté et de l'Egalité à leurs frères du département de Loir et Cher, salut... (Blois, 1793, 12 juillet 1793, in-4 ; Lb-40-92)¡ et *Avis des Amis de la Liberté et de l'Egalité aux citoyens du district de Blois*. (Blois, S. D. in fo-plano ; Lb-40-2561.)

(1) Alexandre de Beauharnais, né à Fort-Royal, à la Martinique, le 28 mai 1760, major en second au régiment de la Sarre, député de la noblesse du bailliage de Blois aux Etats généraux, président de la Constituante, chef d'état major, puis général en chef de l'armée du Rhin, guillotiné à Paris, le 5 thermidor an II, (23 juillet 1794).

Alexandre de Beauharnais avait épousé, le 13 décembre 1779, Joséphine Tascher de la Pagerie, la future impératrice des Français, qui lui donna un fils et une fille : Eugène et Hortense de Beauharnais.

séant aux Jacobins, fit part en ces termes à la Société de Blois de son affiliation :

Société des Amis de la Constitution

Paris, le 3 avril 1791.

Messieurs,

Nous voyons avec plaisir le zèle dont vous êtes animés pour le salut de la chose publique. Le but de notre institution étant de propager le patriotisme dans toutes les parties de l'empire, toutes les Sociétés des Amis de la Constitution doivent s'unir par les liens de la plus intime fraternité et s'attacher à ne former qu'une seule et même famille, afin de travailler de concert à assurer le triomphe des Lois et de la Liberté. Espérons qu'un jour, Messieurs, la Nation toute entière rendra justice à la pureté de nos veües et qu'elle reconnoitra sans peine que les Sociétés des Amis de la Constitution ont concouru à fixer dans cet Empire la paix et le bonheur. Recevez, Messieurs, l'assurance bien sincère des sentiments d'estime et de fraternité que se doivent réciproquement tous les Amis de la Constitution.

Alexandre BEAUHARNOIS,
Président.

COLLOT-D'HERBOIS (1), G. BONNE-CARRERE (2)
Secrétaires

Messieurs de la Société de Blois, département de Loir et Cher.

(1) Jean-Marie Collot-d'Herbois, le futur conventionnel,

La jeune Société se montra flattée, ainsi qu'il convenait, de cette marque d'honneur et prit cette délibération.

Aujourd'hui onze avril mil sept cent quatre vingt onze l'an second de la Liberté, la Société assemblée dans la salle ordinaire de ses délibérations, la séance a été ouverte par un des secrétaires en l'abzence de son president, il a annoncé la réception d'un paquet à elle adressé par les Amis de la Constitution séante aux Jacobins à Paris, dans laquelle se sont trouvés.

1° Une lettre de Mr Beauharnois membre de laditte Société et député à l'Assemblée Nationale, par laquelle il annonce et envoye les lettres d'affiliation demandée à la ditte Société par celle de Blois.

2° L'expédition des susdittes lettres d'affiliation signées Beauharnois prezident, Colot d'Herbois et Bonne Carrère, secrétaires, revetues du sceau de laditte Société, le tout en dalte du 3 et 9 du present mois, lecture desquelles a été faite à l'assemblée par un des secrétaires. L'assemblée après avoir entendu cette lecture avec les plus vifs applaudissemens a arreté :

né à Paris le 17 juin 1750, mort à Cayenne le 20 prairial an IV, (8 juin 1796.)

(2) Guillaume Bonne-Carrère, né à Muret le 13 février 1754, mort à Versailles le 9 novembre 1825. Ancien président du club des Jacobins, fut, sous le Directoire, chargé de missions secrètes à Copenhague et à Berlin.

1° Que mention seroit faitte de la lettre de Mr de Beauharnois au proces verbal.

2° Qu'au dézir de cette lettre et d'apres les sentimens qu'il exprime d'estre compté parmy les membres de cetté Société, ledit Sr Beauharnois seroit inscrit sur la liste de ses membres et qu'à cet effet extrait du procès verbal seroit joint à la réponce que le Comité de correspondance est chargé de luy faire sur sa lettre et l'expédition de celles d'affiliation le plus tôt possible.

3° Que l'expédition des dittes lettres seroit entièrement inscritte au proces verbal ainsy qu'il suit en sa teneur litteralle.

Par son affiliation aux Jacobins de Paris, la Société des Amis de la Constitution de Blois se trouvait affiliée également aux sociétés sœurs des départements et leur nombre était infini. Il n'y avait guère de bourgade qui n'eut la sienne. Elles correspondaient entre elles. L'esprit des Jacobins les dirigeait toutes. Les hommes les composant étaient, pour l'ordinaire, d'intelligence assez médiocre et d'instruction assez nulle pour qu'elles pussent subir l'empreinte de la matrice mère sans lui faire subir de notables déformations.

En très peu de temps, par, un phénomène que n'ignorent pas nos assemblées politiques, le niveau des sociétés avait considérablement baissé.

A Blois, notamment, au début, des hommes assez distingués, transfuges du clergé ou du tiers les avaient composées. Comme Beauharnais, Grégoire (1) et Dinochau (2), s'ils n'échappaient pas à la phraséologie de l'époque, ils appartenaient, du moins, à une élite et pouvaient faire bonne figure dans une assemblée .

_____

(1) Jean-Baptiste Grégoire, né à Veho (Meurthe), le 4 décembre 1750, mort à Paris le 26 mai 1831. Curé d'Embermesnil, Grégoire avait été élu, le 27 mars 1789, député du clergé du bailliage de Nancy aux Etats généraux. Nommé évêque constitutionnel de Blois, il avait été reçu le 27 mars 1791, à la Société des *Amis de la Constitution* de Blois dont les registres fournissent le procès-verbal de sa réception :

« La séance a été interrompue par MM. les Maîtres de ceremonie qui ont annoncé Mr l'Evesque du departement de Loir et Cher, lequel a été reçu au milieu des plus vives acclamations et fait present a la Societé de six exemplaires de sa lettre pastorale qu'il adresse à toutes les paroisses dudit departement, à prié la Societé de vouloir bien l'admettre parmy ses membres, en observant les formalités qu'elle à accoutumé d'mployer pour ses réceptions il à ensuite repondu au vœu de toute la Societé en acceptant le fauteuil et la presidence pendant le temps qu'il a esté à la séance. »

Grégoire devait être élu président de la Société le 12 novembre 1791.

Tout ce que nous aurons occasion de dire de la Société et de l'entourage de Grégoire ne saurait ternir la grande et pure figure du prélat, qui, par la dignité de sa vie sacerdotale sut inspirer le respect à. ses adversaires politiques les plus acharnés...

Par le fidéi-commis dont il confia la charge à Madame Dubois, Grégoire devait être, après sa mort, le bienfaiteur des hospices de Blois.

(2) Joseph-Laurent Dinochau, né à Blois, le 27 juillet 1752, mort à Orléans, le 12 février 1815. Avocat en parlement et bailli de Pont-Levoy, il avait été élu, le 2

Puis, vinrent les ambitieux, les prêtres asser-
mentés et les défroqués, les vicaires épiscopaux
de Grégoire et les maîtres d'école. La méfiance des
uns et le dégoût des autres éloignant de ces réunions tous ceux que leur éducation où leur instruction semblaient rapprocher de l'aristocratie, le
niveau continua à baisser.

Ce fut le règne des illettrés (1), devenus les

mars 1789, député du Tiers état du bailliage de Blois
aux Etats généraux. Nommé à l'issue de la législature
procureur de la commune de Blois, il fut révoqué et
jeté en prison, le 9 brumaire an II, (30 octobre 1793)
par le représentant Guimberteau, lors de l'épuration des
autorités constituées.

(1) Comme illettrés, ils passaient vraiment la mesure ; cet extrait du procès-verbal du 13 avril 1794 donne
un aperçu curieux de l'orthographe d'un des secrétaires
de la Société. Il est cependant à croire que les secrétaires étaient choisis parmi les intellectuels de la bande.
Il est vrai que le « gendre humain » est une trouvaille :
  « Un membre a la paroles, pour faire part de ses
reflection sur l'aire insultant au culte sacrée de la raison, que les fanatique des deux sectes ont manifesté,
les jour du cidevant dimanche, feste des rameaux, en
étalent un lustes et une bravoure de coquetterie outré,
qui surpasse de beaucoup le mode de lencien regime,
et le tout avec une aire de laderniere des impertinence
posible ; ci une parti de ses espece de fanatique la ne
son pas payé par Pite et Cobourg, il en son au moins
les partisans, ses pourquoit il demende que la Société
tache de trouver des moyen, pour prendre les mésure
les plus sertaines contre ses indigne fanatique, fléau du
gendre humain, aufin qu'il devienne la rissé de leurs
sotisse et qu'il rougise de honte de leurs insolentes hipo-
crisy. (Apuyé par toutes la Societé.)
  Et ces gens-là menaient la France et en fauchaient
les têtes les plus glorieuses.

maîtres et les dirigeants des sociétés populaires.
Sans trop les comprendre, ils répétaient et reco-
piaient ,d'une écriture appliquée et pénible, avec
une orthographe bien particulière, les grandes
phrases entendues qu'ils admiraient d'autant plus
que le sens leur en échappait le plus souvent.

Ils étaient les naïfs dont jouaient à leur guise
les « arrivistes », dont, en province, la Révolution
avait fait ses représentants, qu'ils eussent nom
Chabot (1), l'ancien capucin devenu vicaire de
Grégoire, puis député ; Rochejean (2), cet autre

(1) François Chabot, né à Saint-Geniez (Aveyron), le
23 octobre 1756, guillotiné à Paris, le 15 germinal an II
(5 avril 1794.) L'ancien capucin Chabot qui était arrivé
à s'imposer à Grégoire comme vicaire épiscopal, avait
été reçu à la Société le 27 juillet 1791 et élu député à la
Législative le 2 septembre suivant. Il devait également
représenter le Loir-et-Cher à la Convention.
Cf : Vicomte de BONALD : *François Chabot, membre
de la Convention* (1756-1794) — Paris, Emile Paul, 1908,
in-8, de XII ; 356 p.)

(2) Ancien oratorien, ce Rochejan, né à Salins, en
Franche-Comté, aurait, suivant Bergevin et Dupré *(Histoire de Blois*, I, p : 206) été précepteur des enfants du
duc de Sully.
L'homme était « jeune, grand, bien fait » et « avait
l'air doux ». Terroriste par ambition, Rochejean, qui
avait prêté serment à la Société le 31 juillet 1791 et en
fut élu président le 20 septembre suivant, devait être
élu suppléant à la Convention.
Le 3 prairial an II, (22 mai 1794) Dufort de Cheverny
le retrouvait à la maison d'arrêt des Carmélites, à Blois.

vicaire de l'évêque constitutionnel de Loir-et-Cher;
Hésine (1), l'ancien professeur de mathématiques
à Pont-Levoy, ou Arnaud (2), le maître de pension.

L'occasion ne permit pas à ces moutons de devenir enragés. Obéissant aveuglément à la voix

---

L'ancien lieutenant général de Blésois qu'on ne peut
taxer de tendresse à son égard, trace de lui cet assez
joli portrait :

« Pendant que l'on faisait mon écrou, un grand jeune
homme d'une jolie figure m'adresse la parole d'un
air riant : « Citoyen, me dit-il, permettez que je vous
demande de vos nouvelles. Je ne puis pas cependant
vous féliciter de nous retrouver ensemble ici. » Du premier coup d'œil je l'avais reconnu pour le fameux
Rochejean, grand vicaire terroriste, qui avait alors un
procès au criminel. Mais il était mis en cavalier, et
c'était une raison pour que je pusse avoir l'air de ne
pas me souvenir de lui. Je lui répondis donc : « Monsieur, pardonnez-moi, mais je n'ai pas l'honneur de vous
connaître ». — « Citoyen, je suis Rochejean », répondit-
il. Alors je lui fis plusieurs questions auxquelles il
répondit très sagement. »

(J. N. DUFORT de CHEVERNY : *Mémoires sur les
règnes de Louis XV et de Louis XVI et sur la Révolution.*
Paris, Plon, Nourrit et Cie, 1886, 2 in-8 ; II, p : 205.)

Dufort devait prendre tant de plaisir à écouter les
propos fort sages de Rochejean prisonnier que la crainte de se compromettre par cette intimité, les lui fit seul
interrompre, tout en continuant à lui prêter des livres
et en lui conservant même, semble-t-il, une certaine
sympathie.

(1) « Cet homme, le plus affreux et le plus indigne
démagogue qui ait existé », avait été « maître de mathématiques avant la Révolution au collège de Pont-Levoy,
c'était un normand transplanté, qui avait épousé la

de Garnier de Saintes (1), ce commis-voyageur de la Convention, et de Chabot le défroqué, leurs mauvais bergers, ils avaient la sottise et la lâcheté de la foule. Le fait accompli était pour eux la raison du plus fort à laquelle ils applaudissaient,

---

fille d'un garde-chasse. Il était féroce et poltron, quoique ayant des talents pour réussir. »

(DUFORT de CHEVERNY, II, pp : 317 ; 148.)

Gravement compromis dans la tuerie du Château-Gaillard, (19 frimaire an II ; 9 décembre 1793,) compromis également dans le procès des Babouvistes, Hésine, condamné à la déportation, ne subit jamais sa peine.

(2) Arnaud, « le scélérat le plus battu à froid qu'il y ait jamais eu ». Comme Hésine, Arnaud avait des moyens. Au dire même de Dufort la pension qu'il avait fondée à Blois, « en trois ans était montée à un degré de perfection, et la plus amère critique ne pouvait mordre contre les mœurs ».

(DUFORT de CHEVERNY : II, pp : 128 ; 147.)

(1) Jacques Garnier, né à Saintes, le 30 mars 1755 ; se noya accidentellement dans l'Ohio, en 1817, ayant été forcé de se réfugier en Amérique comme régicide. — Avocat, puis procureur général syndic, il avait été élu à la Convention, le 6 septembre 1792. « Petit et d'une tournure recherchée jusque dans ses habits », Garnier, chargé de mission en Loir-et-Cher et dans la Sarthe par la Convention, à Blois, « s'établit à l'évêché, mit en réquisition le vin des particuliers en arrestation ou en fuite, et poussa la réquisition jusqu'à se faire fournir des peignoirs. C'était un vrai sans-culotte pour tout, excepté pour ce qui lui était personnel. Voyageant dans une berline magnifique, il voltigeait à Tours, au Mans et ailleurs et revenait fidèlement à Blois ».

(DUFORT de CHEVERNY, II, pp : 172-173.)

sans que jamais l'idée leur soit venue de protester en faveur des vaincus et de ceux que leurs forces avaient trahis.

Pas une voix ne s'éleva aux Amis de la Constitution, devenus la Société populaire régénérée de Blois, au lendemain de l'exécution d'Alexandre de Beauharnais, leur ancien président (1). Tour à tour, à deux mois de distance, des adresses ampoulées furent adressées à la Convention, pour la féliciter du danger auquel venait d'échapper Robespierre (2) et du patriotisme avec lequel elle avait procédé à son assassinat (3).

---

(1) Beauharnais avait été élu président de la Société le 23 novembre 1791.

(2) Procès-verbal du 6 prairial an II, (25 mai 1794.) ·

(3) Le 12 thermidor an II. (30 juillet 1794), trois jours après l'assassinat de Robespierre, la Société envoyait cette adresse à la Convention :

« Copie de la dresse a la Convention national

« Les républiquains de blois,
« Représentant du peuple,

« Vous venés de sauver encore une fois la patrie : de trop infâmes conspirateurs voulant annéantir la liberté, vous aviés parlé et ils ne sont deja plus. Les républiquains de blois viennent de vous jurer de nouveau latachement le plus saincere, il vienne de reiterer le serment de vivre libre ou de mourir, et il ne seront pas parjures. Il vous félicittents des grandes mesures qui ont conduit (au trépas ?) les monstres dont toutes les actions criminelles et perfides avoient pour but l'esclavage d'un peuple energique et fort de la liberté. »

La lettre de Garnier de Saintes adressée quelques semaines plus tard aux *Amis de la Constitution*, au len-

Ces hommes étaient vraiment libres : ils possédaient l'indépendance du cœur.

Les nombreuses sociétés populaires dont était émaillé le territoire de la France ne différaient guère de celle de Blois. Un lien étroit les reliait, d'ailleurs, les unes aux autres. A Orléans, à Cherbourg, aussi bien qu'à Blois, à Blois comme à Paris, la caractéristique de ces patriotes était de détester l'armée, leur grand effort tendait à sa désorganisation.

---

demain de la dénonciation de Lecointre contre les Comités, (12 fructidor an II) constitue un trop bel exemple du style épistolaire de ce Gaudissart pour ne pas être reproduite.

« Paris, 15 fructidor. 2. R. F.
Garnier de Xainte
a la Societé populaire régénérée de Blois.

« Le triomphe des coquins ne sera pas de durée, mes amis, ils sont déja démasqués, vous les connaitrez a leurs criminels projets, et dans les séances orageuses qui nous ont agité vous avés su voir combien la Convention a été grande et avec quel courage elle a fait tourner au profit de la liberté cet acte exécrable d'accusation dirigé contre elle sous le nom de sept vertueux montagnards.

Notre ami Brival qui doit être en ce moment au milieu de vous peut donner de grands développements sur cette infernale machination dont le projet sous le prétexte d'actes de lumanité était de lancer contre les patriotes tous les contre-revolutionnaires dont la clique perfide avait opéré la mise en liberté.

Tout est découvert et malgré l'indulgence de la Convention les hommes de cet horrible sisteme préparé pour organiser la guerre civile n'en sont pas moins démasqués aux yeux du peuple entier.

« Courage, mes amis, rappelez-vous d'une vérité : se livrer aux coquins est devenir coquin soi-même,

Ils n'avaient pas encore trouvé « l'armée capita-
liste », — la formule est plus moderne — mais, **du
haut** en bas de la hiérarchie, les officiers étaient
pour eux des aristocrates qu'il convenait d'évin-
cer et, dans les moments de troubles, d'envoyer
à la guillotine, en dépit des marques de dévoue-
ment qu'ils avaient pu donner à la Révolution.

Pour ces gens là, l'armée représentait l'obéis-

---

quelque puissent être les évenemens, mettez une bar-
rière d'airain entre eux et vous, la vertu livrée **a sa**
seule puissance terrassera toutes les intrigues et **tous**
les fripons.

« Tous les purs députés de la Convention (et c'est **la**
presque totalité) sont bien résolus a terrasser **cette**
cohorte assassine d'ambitieux et d'intriguans renais-
sant sans cesse des cendres des factions abbatues et qui
se rallient un moment de bons citoyens trompés, pour
assouvir leurs passions et leurs vengeance.

« Surveillez, mes amis, il y a encore des méchans
autour de nous, on a provoqué la destruction du gouvernement révolutionnaire parce qu'on voulait encore
des déchiremens, des troubles et devenir important **et**
nécessaire, mais cette nouvelle faction est a nud ; ser-
rez-vous autour de la Convention national, elle **vous**
sauvera ainsi que la liberté.

« Je n'ai encore pu faire de recherches sur ce **dont**
vous me parlez; mais les individus qui en sont l'objet
sont si méprisables que s'occuper d'eux serait **leur**
donner une valeur qu'ils ne peuvent trouver que dans
l'abjection et le mépris.

« Salut et amitié
« Garnier (de Saintes) »

Ce Garnier, au moins, ne laissait pas à d'autres le
soin de faire l'éloge de la Convention. Une fois de
plus la Société populaire approuva et applaudit, décré-
tant la transcription de ce document sur ses registres,
(16 fructidor an II ; 2 septembre 1794) et le secrétaire
Doublot y ajouta quelques fautes d'ortographe.

sance, la discipline, la fidélité à la parole donnée, tous devoirs abolis qu'il convenait d'effacer, comme on avait gratté sur les monuments les fleurs de lis de France et les armoiries des ex-nobles.

La Révolution avait tracé les droits de l'homme, mais semblait avoir eu peu souci de ses devoirs.

Une utopie, dont nos oreilles ne sont pas débarrassées, a germé dans ces pauvres cervelles. Pour rompre le faisceau que, du sous-lieutenant au maréchal de camp constituent les chefs, pour détruire les cadres, une panacée s'impose qui rendra la Révolution imbattable en la mettant à l'abri d'un coup de force militaire, la substitution d'une milice nationale à l'armée de carrière.

Pour arriver à ce but, il faut attirer à soi les hommes et discréditer auprès d'eux leurs officiers, encourager la délation et en faire un procédé d'épuration.

La Société a bien déclaré, le 13 avril 1791, sur l'avis de l'accusateur public, « qu'il n'était nullement de sa dignité de se rendre dénonciatrice ». Mais, il ne faut voir là qu'une de ces déclarations qui font d'autant plus de plaisir qu'elles ne reposent sur rien. En réalité, à Blois, comme partout, la délation est à l'ordre du jour de la Société populaire.

Elle y fleurit et s'y épanouit comme, sur le fumier, quelque fleur géante et vénéneuse. Les délations forment le fond de la correspondance des sociétés entre elles. Un mouvement de troupes ne peut se produire, sans qu'aussitôt les Amis de la Constitution n'entrent en jeu et ne sortent leurs petits papiers.

L'armée vit sous le régime des « fiches ».

Elles sont anonymes et imbéciles, assez vagues pour inspirer la méfiance et ne pouvoir être contrôlées. Elles trahissent sans pitié la mentalité de ceux qui les inspirent et de ceux qui les rédigent.

Grâce aux clubs qui ont attiré à eux les soldats, ne pouvant, à quelques exceptions près gagner les officiers, la politique s'est introduite dans l'armée. La jalousie, la rancune, le fatras mal digéré des tirades égalitaires auquel se joint le désir de pérorer à son tour, prêtent à de basses vengeances.

Ce n'est souvent que grotesque. Mais, si ridicules qu'elles soient, répétées, ces délations ne tardent pas à prendre de l'importance et à former dans les sociétés le thème ordinaire des discussions et des vœux.

Il ne suffit pas de détruire. Certains, comme le citoyen Jacob (1), d'Orléans, ont leurs idées sur

_____

(1) Charles-Abraham-Isaac Jacob, né à Orléans, le 8 juin 1758, mort en 1835. Imprimeur lui-même, il appartenait à la vieille famille d'imprimeurs orléanais, dont le dernier descendant, Georges Jacob, son petit-fils, est

la réorganisation de l'armée. D'autres incompéten-
ces s'en mêlent, d'où parfois, dans les procès-verbaux des Amis de la Constitution, généralement
si parfaitement insipides, ces développements
inattendus.

Un membre est monté à la tribune pour donner
une seconde lecture demandée par la Société sur
l'organisation de l'armée, par lequel il a relevé le
courage et les talens des soldats, il a sur ces derniers combattu l'opinion de quelques preopinans
qui avoient enoncé des doutes qu'ils eussent les
connaissances necessaires pour meriter de commander.

Un autre membre en reponce qu'il a obtenu de
la Société a refuté l'opinion de plusieurs preopinans sur le même sujet, il a debuté par faire sentir au soldat la necessité de la plus exacte subordination et du respect qu'il devoit à ses chefs, il
a ensuitte, par la citation de differens faits prouvé
son aptitude a parvenir aux places du commandement, que pour développer ses talens il n'avoit
besoin que de la consideration deüe a tout individu qui remplit les devoirs de son etat.

Un autre membre a demontré la necessité ur-
gente d'organizer de nouveau l'armée, d'anéantir
l'etat major de l'armée et ceux des regimens qui,
d'après des faits sont reconnus les ennemis de

mort en 1908, après avoir exercé pendant trente-quatre
ans la profession d'imprimeur et dignement continué
les traditions d'un atelier qui remontait à 1499.

Cf : H. HERLUISON : *Recherches sur les Imprimeurs et
Libraires d'Orléans.* (Orléans, H. Herluison, 1868, in-8.)
— *Bulletin de la Société archéologique de l'Orléanais,*
1909, pp : 278-286.)

notre constitution, il a voté pour que les soldats fussent par la loy authorisés a faire le choix de leurs chefs et reconnus habilles a parvenir aux differens grades.

Un autre membre sur le meme sujet a prononcé un discours dont la conclusion est de s'en rapporter a la sagesse de l'Assemblée nationalle sur sa demande :

1° De licencier l'armée en entier et de la recréer.

2° D'accorder la paye entiere aux soldats et moitié des appointemens aux officiers.

3° De former l'armée de gardes nationalles et la recruter d'hommes de bonne volonté.

Au desir de la Société, un membre des Amis de la Constitution d'Orléans a fait lecture et soumis a la discussion differens articles de son projet sur l'organisation de l'armée. Les 1, 2, et 3 ont été adoptés unanimement, le 4° avec cet amendement que le soldat ne pourra etre du corps electoral qu'apres quatre années de service. Cet article ayant eprouvé quelques autres amendemens proposés, la discussion a été remise a la séance du lendemain. (27 avril 1791).

A Paris, les Jacobins ne jugeaient guère différemment, témoin cette déclaration du 28 avril aux sociétés affiliées « que l'armée sera revue ,les bons officiers conservés, les autres congédiés, les soldats (reconnus) habiles à monter aux grades ».

La Société, à Blois, eut, pour une fois la sagesse de reconnaître que la réorganisation de l'armée dépassait un peu sa compétence et se borna « à

pour obtenir d'elle la régénération de l'armée (et décida) que copie en seroit envoyee à nos frères Jacobins à Paris et à toutes les autres Sociétés qui nous sont affiliées. » (28 août 1791).

Le Comité de correspondance fit même mieux et adréssa au roi un double de cette pétition.

Dans l'intervalle, le 30 mai, la Société des Amis de la Constitution d'Orléans était revenue à la charge et avait communiqué à ses frères de Blois « une pétition à l'Assemblée nationale tendant à demander le licenciement des officiers des troupes de ligne ».

Cette campagne n'était pas particulière à la ville d'Orléans. Elle était générale et devait être l'œuvre de toutes les Sociétés. Dès le 12 mai, il avait été donné lecture de cette circulaire des Amis de la Constitution de Cherbourg :

Il a été fait une autre lecture des Amis de la Constitution de Cherbourg, qui prévient la Société qu'au 1er juin prochain l'Assemblée nationale recevra une pétition de toutes les Sociétés des Amis de la Constitution du Royaume pour demander le licenciement des officiers des troupes de ligne.

De son côté, la Société des Amis de la Constitution de Dinan réclamait de l'Assemblée nationale

« le licenciement de l'etat major de l'armée ». (6 juin 1791.)

L'état-major ! On ne saurait croire à quel point ce mot sonnait mal aux oreilles des démocrates. Trois ans plus tard, alors que ces officiers tant honnis et si vilipendés étaient parvenus, grâce aux cadres de l'ancienne armée, à faire face à l'ennemi et à le repousser, la Société populaire de Blois s'en prenait encore à l'état-major :

Un membre a dit que les troupes qui étoient à Blois étoient absolument inutiles, ainsy que le General, les adjudants Generaux (1) et tout l'etat major, qu'il vaudroit mieux que tous ces militaires fussent à la deffense de la patrie plutôt que de croupir dans un endroit ou ils n'étoient pas nécessaires, ces observations ont donné lieu à une longue discussion à la suite de laquelle la Société a arreté que son Comité de Correspondance écriroit à la Commission Militaire pour l'engager à faire partir dans le plus bref délai les bataillons, au moins ceux d'entre eux instruits et qui seroient habillé et équipés, que tant qu'au General et l'Etat Major on devoit les faire partir sans retard, faisant beaucoup de dépences à la République sans lui etre d'aucunes utilités.

(4 prairial an II ; 23 mai 1794.)

_____

(1) Créés en 1790, les adjudants généraux, devenus, en 1800, adjudants-commandants, remplissaient les fonctions de colonels et de lieutenants-colonels d'état-major.

Le lendemain la Société confirmait cet arrêté :

Un membre annonce que le commissaire des guerres lui a dit que tout ce que nous avions de troupes alloient partir sitôt qu'ils seroient habillés.

La Société maintient l'arreté d'hier au sujet de l'état major dont on demande le renvoy étant plus utile aux frontières ; puisque notre commune n'est plus sur le pied de guerre.

Les troupes de ligne, avec leurs officiers provenant des anciens cadres de l'armée royale, n'étaient guère vues d'un meilleur œil. Les Sociétés se méfiaient d'elles, leur préférant les volontaires que l'on avait quelque peine à faire rejoindre leur corps et à faire marcher à l'ennemi, mais qui représentaient bien leur état d'âme. Même compréhension du patriotisme et de l'armée : des mots, des élections et le vin bleu de la rhétorique au rabais dont les grisaient les représentants de la Convention en mission aux armées.

Les volontaires et les gardes nationales étaient leur chose, la phalange sacrée qui devait assurer le triomphe de la Révolution, sinon de la France.

Qu'un ministre ne s'avisât point de vouloir fondre ensemble les troupes de ligne et les gardes nationales. N'était-ce pas risquer de faire perdre à ces soldats citoyens leurs vertus civiques que de les encadrer dans des corps anciens, auxquels étaient plus familiers l'odeur de la poudre et le sifflement des balles, que les bravos ou que les murmures des assemblées.

Un membre a fait part à la Société de ses inquiétudes sur les dernieres phrases du discours du Ministre de la Guerre qui semble de sa part indiquer le projet de fondre les gardes nationaux avec les troupes de lignes, il a fait sentir quel danger il y aurait de favoriser ce projet et il a conclud a une adresse a nos freres du bataillon du Loir et du Cher pour les inviter à ne point se presenter a une pareille maneuvre et une meme adresse a l'Assemblée Nationale pour lui faire part de nos craintes sur les intentions perfides que presents cette idée du ministre.

(16 janvier 1792.)

Mieux semblait valoir lever, si possible, de nouvelles recrues dans les campagnes, que de recruter dans les bataillons de la milice pour renforcer les troupes de ligne.

Les volontaires étaient, eux aussi, un bloc auquel il ne fallait pas toucher.

La séance ouverte un membre de la Société de Mer (1) a fait un discours patriotique dans lequel il a annoncé qu'etant present a la seance de l'Assemblée National la semaine derniere, (il) avoit été surpris d'avoir entendu dire au Ministre qu'il étoit a propos de recruter dans les diffe-

---

(1) Chef-lieu de canton, arrondissement de Blois ; ancien centre protestant important. La famille d'Agrippa d'Aubigné avait possédé, dans les environs, le fief des Landes, ou la Lande Guinemer.

rents bataillons de volontaires pour compléter les troupes de ligne, que cecy n'etoit point nécessaire; mais bien mieux d'ecrire aux chef lieu des cantons du departement de Loir et Cher pour les inviter a faire des recrues dans les campagnes. Le dit sieur a offert l'incorporation de cinquante deux hommes du canton de Marchenoir (1) dont il offre la liste ; et même de ses propres enfants, s'il est necessaire, dans les troupes de ligne. A cet effet, il a fait la motion qu'il croit a propos d'ecrire a tous les chef lieux pour les inviter a imiter le canton de Marchenoir. La motion appuiée, mise aux voix, il a été arreté que les dits cantons seroient invité par lettres, que les membres du Comité de Correspondance leur ecriroient.

(Il sera ecrit au journaliste Cara (2) de cette delibération.)

(25 janvier 1792.)

---

(1) Chef-lieu de canton de la Beauce, arrondissement de Blois.

(2) Jean-Louis Carra, né à Pont-de-Veyle (Ain), le 11 mars 1742, guillotiné à Paris le 10 brumaire an II (31 octobre 1793). Carra, « une de ces taupes malfaisantes qui sortent de terre à l'époque des révolutions », (MONSEIGNAT), après avoir été compromis dans sa jeunesse dans une affaire de vol, avait fondé, avec Mercier, en 1789, les *Annales patriotiques et littéraires*.

Elu à la Convention en septembre 1792, Carra se vit charger de missions dans les départements, notamment en Loir-et-Cher, d'où il fut rappelé pour être condamné et exécuté avec les Girondins.

II

**Les Volontaires. — Leur peu d'enthousiasme. —
Peine que l'on a à leur faire rejoindre leur
corps. — Insoumis et déserteurs. — Les « em-
busqués ». — Nombre de bataillons partent
sans être armés. — Insupportable ingérence des
Amis de la Constitution dans les affaires militaires.**

Les volontaires étaient loin, on le sait ,de mériter un pareil enthousiasme. Leur procès, comme
celui de la Garde nationale, n'est plus à faire. Il y
aurait peu à parler d'eux; si les sociétés populaires n'avaient pas marqué un tel attachement pour
une institution que nous ne songeons pas à leur
envier et si les procès-verbaux de leurs réunions
ne contenaient à leur sujet des détails assez ins-
tructifs.

Toutes les fois que la société populaire de Blois
eut occasion de provoquer des engagements et de
recevoir des volontaires avant leur départ, elle le
fit et ses procès-verbaux ne manquèrent point d'en
faire mention.

Mais, il le faut confesser, l'enthousiasme de ces

jeunes gens semble avoir été assez médiocre. Si
les Amis de la Constitution ne ménagèrent pas les
bonnes paroles à ceux qui partirent pour la défense des frontières, ils semblent avoir eu surtout à se préoccuper de ceux qui ne rejoignaient
pas leur corps ou qui abandonnaient à l'auberge
ou en plein champ, une partie de leur uniforme
ou de leur armement.

Le grand et le petit équipement leur tenaient
moins à cœur que la solde promise, pour laquelle
un bataillon de Paris devait se mutiner à Blois,
en juin 1793.

Le 27 juin 1791, lecture avait été donnée de la
formule d'engagement aux armées et elle ne pro-
voqua point dans la Société un mouvement considérable.

Un membre a fait lecture de la formule d'engagement ouvert à tous ceux qui se soumettront a
partir pour aller au loin deffendre leur patrie et
de la liste de ceux qui ont dèja souscrit ; (applaudi.)
Un autre a fait sentir la necessité de s'exercer
dans l'art militaire pour ceux qui contracteroient
l'obligation cy dessus.

Une vingtaine de garçons perruquiers — une
profession qui devait avoir à souflrir de la Révolution — annoncèrent leur intention de s'engager
et les honneurs de la séance leur furent accordés :

Une adresse de 15 a 20 jeunes perruquiers a

été lue, ces patriotes offrent leurs bras pour la deffense de la patrie ; on leur a accordé les honneurs de la seance, ils ont été très applaudi.

(20 juin 1791.)

Mais quand vint le moment de signer leur engagement ils n'étaient plus que douze. Combien parvinrent à leur bataillon ?

L'assemblée a entendu la lecture du certificat de l'engagement volontaire de douze garçons perruquiers pour la garde des frontieres.

(21 juin 1791.)

Le 11 juillet : « de nouveaux jeunes gens enrollés pour deffendre les frontieres ont été admis au serment. »

Le procès-verbal tait leur nombre et, le 25, un membre du club semblait moins vouloir s'engager que provoquer les autres à le faire : « un autre membre a obtenu la parole et a attesté à la Societé qu'il étoit pret à partir pour le secours des frontieres et en meme tems pour solliciter les jeunes gens à se décider promptement. »

Sans trop de promptitude, des engagements suivirent dans les six semaines et donnèrent lieu au serment de rigueur. Cette formalité rehaussait singulièrement les volontaires aux yeux des sociétés. Ne se substituaient-elles pas ainsi à l'autorité mi-

cratie. C'était, d'ailleurs, de part et d'autre, matière à discours. Le midi semblant remonter vers
le nord, c'était un état endémique auquel les nouvelles classes ne pouvaient se soustraire. On ne
croyait pas penser, si on ne parlait pas et on parlait abondamment, ce qui ne veut pas dire que
l'on pensât beaucoup.

Plusieurs soldats nationaux partant pour les
frontieres ont fait serment de la Société. (12 septembre 1791.)

Ensuite un volontaire a monté à la tribune et
a fait un discours dans lequel respirait le plus
pur patriotisme et demanda la permission de
preter le serment. (Vivement aplaudi.) La Societé
a arrêté que le nom de chacun de ces jeunes gens
volontaires serait inscrit sur le registre.

Les noms sont : Louis-Charles Rouleau, Henry
Tessier, Blaise-Fernand-Pierre Mourion, Jean
Chenon, Jean Fontenaille, Michel Charier, Jean-
Mari Gautier et Leger Crapet.

(12 septembre 1791.)

Le 22 septembre, nouvel échange de politesses
oratoires entre un volontaire de Mer et un des lea-
ders du club :

Un volontaire de Mer a monté à la tribune et a
fait un discours qui a été très applaudi.

Un membre a fait un discours aux volontaires
analogue à leur depart et qui a merité les plus
grands applaudissemens.

Et c'est tout.

Il n'est plus question de nouveaux engagés, mais de ceux qui ne rejoignent pas leur corps et le nombre en est grand. Malgré la disparition de la poudre, le métier de perruquier avait du bon. Le peigne était moins lourd que le fusil et le rasoir plus facile et moins dangereux à manier.

Le 1er mai 1794, un peu trop sûr de lui, un membre du Comité de surveillance annonçait que les jeunes gens de la première réquisition en retard pour se rendre à leur corps seraient partis sous les vingt-quatre heures.

Un' membre du Comité de surveillance de la commune annonce à la satisfaction de la Société que les jeunes gens de la 1re réquisition en retard de se rendre à leurs corps respectifs seront partis sous vingt quatre heures.

Le lendemain, l'agent supérieur Renault communiquait les doléances du représentant Dubois-Crancé (1), à ce sujet :

---

(1) Edmond-Louis-Alexis Dubois de Crancé, né à Chaville, mort à Rethel le 28 juin 1814. Membre de l'Assemblée nationale, Dubois Crancé fut promu maréchal de camp à l'expiration de son mandat et entra, en 1792, à la Convention, où il vota la mort du roi. Chargé de mission dans les départements, il prit part, en mai 1793, au siège de Lyon, après la révolte de cette ville. Partisan des milices nationales, il avait été élu, le 26 mars précédent, membre du Conseil de la Défense nationale.

Renault, agent supérieur, fait part d'une lettre
qu'il a reçu de Dubois Crancé représentant du
peuple qui a pour but de faire rejouindre les jeunes gens de la 1re réquisition à leur corps respectifs.

On observe que Perrinet, des Granges, est encore dans ses foyers, un membre annonce que ce
citoyen est parti et que sa route lui a été expedié
(par) le commissaire des guerres.

(16 floréal an II.)

Dans la même séance, la Commission de surveillance de la commune faisait part des mesures vigoureuses, mais inefficaces, qu'elle avait prises et
faisait connaître que tout en s'embusquant, à
Chambord, pour la fabrication des salpêtres, certains individus n'avaient pas négligé de toucher
leur allocation de route pour gagner les frontières. Il est de petits bénéfices qu'un garçon intel-
ligent ne néglige jamais.

La Commission de surveillance de la commune
fait un rapport sur les mesures sage et vigoureuses quelle a pris pour faire partir dans le plus
bref délai les jeunes gens de cette ville en retard
a se ranger sous les drapeaux de la République.
D'après l'enumération et les noms des individus
qui doivent rester pour cause de requisition a la
fabrication du salpetre on observe que certains
d'entre eux ont recu des sommes pour aller aux
frontieres ; sur ce dernier fait la Société invite
les citoyens qui ont des renseignemens a se ren-

dre auprès des membres du Comité de Surveillance pour lui en faire part.

(16 floréal an II.)

Ces mesures sages et vigoureuses avaient décidément eu peu d'effet. Les Amis de la Constitution que leur âge mettait hors d'atteinte de la réquisition, s'indignaient fort. La voix de la patrie et le souci de la chose publique les guidaient seuls, du moment que ce n'était pas leur tour de marcher.

Un membre ayant obtenu la parole, a dit que l'inexécution de la loi du 23 aout, vieux stile, qui met en requisition les jeunes gens depuis 18 jusqu'a 25 ans compromettaient essentiellement le salut de la chose publique, et qu'il étoit enfin tems que toute consideration isolées cessent et que les interets particuliers soient sacrifiés a l'interet général.

La Societé ayant senti l'importance de cette observation a areté que les jeunes gens compris dans la premiere requisition, qui auroient été assez lâches pour quitter leurs drapeaux, se soustraisent a la voix de la Patrie, en escroquant des exemptions contraires aux Loix, seroient demandés aux Autorités constituées en la prevenant elles memes que si elles ne remplissaient pas leurs obligations a cet egard qu'elles seroient sans consideration denoncés au Comité de salut public.

(13 prairial an II ; 1er juin 1794.)

Les retardataires s'obstinant à ne pas partir et

leurs camarades réclamant, je ne saurais mieux faire que de reproduire en sa forme et teneur ce, début du procès-verbal. (1)

Le niveau de la Société était vraiment au-dessous de l'étiage :

Séance du 6 thermidor, l'an 2° de la république.

La séance est ouverte par un couplet de chanson patriotique en suite lecture faite du procest verbal de la veille.

La Société, sur la reclamation d'un membre, arete qu'a lavenir il sera fait mention au procest verbal des noms des citoyen et citoyenne qui feron des offrandes de charpit pour les desfensseurs de la patrie.

Lecture faite d'une lettre du bataillon de blois qui se plaigne que plusieure de leurs camarades non pas rejouint leure bataillon et son resté dans les hopiteaux et depots de Chambord, et autre atellier sous differents presteste pour se dispencé de rejouindre leurs corps.

Aretté qu'il sera fait une reponce au bataillon de blois.

Un membre fait la motion, pour remedier a ses abus qu'il soit nomé, a l'instant meme, dans ler tous les citoyen volontaire qui on quité leure le sein de la Société, une comission pour surveil- bataillon ou qui non jamais rejouint, aufin de prendre les messur les plus promtes pour les faire partir.

_____

(1) Dans ce procès-verbal, comme dans tous les autres, je me borne à corriger la ponctuation. Elle est parfois telle que le texte deviendrait incompréhensible, si on la respectait.

La nomination de la Comission est arretté,.. les citoyen nomé son : Dabin, Cheron, Henry, Liger le jeune, Caillon, Gaut, Crouteau, Colignon, Guillot Fauchette, Renaut comandant, Adams libraire, Berner l'ainé.

La Societé arette, en outre, qui sera fait une petition au district pour faire prendre les mêm messur dans les commune de campagne pour fair partire les dit volontaire...

(24 juillet 1794)

Malgré ces injonctions pressantes, les insoumis ne partirent pas. On s'occupait encore d'eux le 28 juillet :

La parole ayant été demandée sur le procès verbal, un membre a observé qu'on aurait du y inscrire le rapport à faire à cette séance des jeunes gens de la première réquisition qui se sont dispensés de partir, que, d'ailleurs, Chevallier s'était chargé de présenter l'énumération et les noms de ceux qui sont dans les dépôts et atteliers d'après les renseignemens qui lui seraient donnés par les commissaires chargés d'en faire la recherche.

(10 thermidor an II.)

On continuait à s'en occuper le 1er août :

Un membre a la parole et fait la motion pour que les loi soit mis a exécution au sujet des volontaires qui ont abandonné leure drapeaux, aufin

de les faire rejouindre et demande que les comissaires nomé a cet egard se mettre en acctivité.
(Adopté.)

Deux comissaire font lectur de listes des noms
de plusieurs volontaire qui son actuelement a
Blois et qui devroit être a leure bataillon.

L'administration de district, de consert avec
les comissaires va prendre les messur les plus
salutaire pour faire rejouindre les volontaire con-
formement a la loi et aus arretté du Comité de
Salut publique, et le tout sans prejudicier au requisition faite par les hotorité superrieure pour
les atellier de la republique.

(14 thermidor an II.)

Puis, ce furent des cas particuliers. La citoyenne Lanoüe, dont les deux fils étaient employés à
l'arsenal de Lille, aurait voulu les voir appeler à
celui de Blois, tandis qu'un « fricoteur » qui avait
su récemment se faire embaucher à Chambord
pour la fabrication du salpêtre avait la galle et
risquait d'en faire cadeau à ses camarades.

> *La plus bell' fill' du monde*
> *N'peut donner que c'qu'elle a !*

Un membre demande que la Societé appuie ou
fasse une petition pour la citoyenne Lanoüe qui
demande que ses deux fils qui travaillent à l'arsenal de Lisle ait la permission de venir travailler a celuy de Blois. Apres une discution la So-

cieté arrete qu'il ne sera point fait de petition a
ce sujet. Un membre observe que les jeunes gens
qui auroit du partir il y a plus de 15 jours pour
rejoindre leurs drapeaux ne font rien ; au contraire qu'il en arrive d'autre ,surtout un, qui, tout
en arrivant dernierement, a de suite été mis en
requisition pour Chambord. Un membre observe
que ce citoyen avoit la galle et un autre observe
que ce citoyen pourra bien en faire cadot a d'autre.

Un membre du Comité de Surveillance de la
Commune observe qu'il y a une loy qui permet
aux Commissaires des guerres de prendre des jeunes gens de la requisition, sur ce et sur la proposition d'un membre, la Societé arrête qu'elle in-
vitera le distric a luy faire passer le Bulletin des
Lois.

Un secretaire donne lecture du procest verbal
du 6 thermidor où il y eut des commissaires nommé pour donner des renseignement à la Société
des jeunes gens qui n'ont pas rejouint, cette liste
est donnée a Cheron (1) un des commissaires
avec invittation de faire un raport a la Societé a
ce suget.

(21 thermidor an II ; 8 août 1794)

Les réclamations et les dénonciations continuè-
rent à affluer. A côté de ceux qui n'avaient pas

---

(1) Commissionnaire, ce Chéron avait été conservé
comme notable, par Guimberteau, lors de son épuration
des autorités constituées, le 9 brumaire an II (30 octobre
1793.)

rejoint leur corps, il y avait ceux qui l'avaient
quitté et qui semblaient peu se soucier des pénali-
tés dont les règlements militaires frappent la désertion à l'intérieur.

Un membre se plaint de ce que l'on voit tous
les jours des citoyens qui ont quitté leurs drap-
peaux et demande qu'il soit pris des mesures pour
les faire rejouindres, un autre observe que l'agent
national du distric est present et qu'il peut satisfaire la Societé sur ce sujet. L'agent national demande que la Société nomme deux commissaires
pour prendre au distric connoissance des mesures
qu'il a pris a ce sujet ; la Societé nomme a l'instant pour commissaire Henry fils et Chanteloub,
qui se transporteront demain au distric et qui rendront compte de leur mission à la prochaine séance. »

(14 fructidor an II ; 31 août 1794.)

Insoumis et déserteurs se cachaient peu, il est
vrai, si peu même que, le 2 septembre 1794, la
Société demandait à l'agent national de lui faire
passer, le lendemain, la liste de tous les volontaires qui étaient présentement chez eux.

Un membre du Comité de Súrveillance de la
commune a annoncé à la Société que le Comité
vient de prendre des mesures pour faire partir les
lâches déserteurs qui sont dans notre district à
l'exception de ceux qui sont employé dans le ha-

ras de Chambord (1) et dans les differents ateliers de notre district et qui ne partiront que lorsqu'il seront remplacé par des citoyens qui rempliront leurs places...

La Societé a arreté que l'agent national nous

---

(1) Merle et La Saussaye, dans leurs *Notices* sur Chambord, parlent bien de la curée à laquelle avait donné lieu, en 1793, la vente du mobilier de Chambord et du projet du Département « de faire disparaître toutes les fleurs de lis et les insignes de la royauté qui se trouvaient dans les ornemens du château », mais se montrent, néanmoins, extrèmement sobres de détails sur la période révolutionnaire.

Les procès-verbaux de la Société populaire de Blois sont intéressants en ce qu'ils nous révèlent l'utilisation de l'ancien quartier des uhlans de Maurice de Saxe, pour y loger une partie du régiment de *Royal-Cravates*, pour y fabriquer du salpêtre, puis pour y établir un haras.

A part les fleurs de lis qui blessaient leurs sentiments, Chambord n'inquiétait pas les patriotes. Combien de fois, au contraire, ne demandèrent-ils pas la démolition de Chaumont, qui, par sa position les effrayait ?

« Le Blond a exposé à la Société que le ci devant chateau de Chaumont étoit construit et d'une exposition redoutable, il faisoit la motion expresse pour qu'on procedat a sa démolition et qu'il se chargeoit de la conduite de ces travaux, qu'en même tems il feroit bruler les epines des environs pour faire de la cendre. »

Bien entendu, d'autres devaient renchérir sur cette proposition :

« Un membre a demandé que les chateaux d'émigrés fussent demolies, d'autres demandoient que tous les fussent ; apres le debats, la Société a arreté qu'il seroit ecrit au Comité de Salut Public relativement au Chaumont et a la Convention Nationnalle pour tous les chateaux d'emigrés. Renvoyé au Comité de Correspondance pour faire les pétitions. »

(15 prairial an II ; 3 juin 1794.)

feroit passer à là séance de demain la liste de tous les volontaires qui sont présentement chez eux. ·

(16 fructidor an II.)

Il fut reconnu, naturellement, que cette liste était incomplète et « que plusieurs particullier n'y étoit pas porté ». Le Comité de surveillance fut chargé de la compléter. Mais la société populaire touchait à sa fin. Elle dut clore ses portes et ses registres sans que la liste demandée lui ait été soumise.

La Société populaire révolutionnaire régénérée de Blois avait vécu. Elle sombrait sous le ridicule et sous l'indifférence. Les « lâches déserteurs' » qu'elle avait poursuivis de sa vindicte platonique ne rejoignirent, sans doute, jamais leur corps.

L'agent national du district a fait passer la listes des jeunes gens en retard de joindre leurs drapeaux. On a fait lectur de leure noms : s'etant elevé des reclamation sur ce que plusieurs particullier n'y étoit pas porté, il est arreté que la liste seroit renvoyé au Comité de Surveillance de la société, et que ceux qui auroit des renseignement a donné sur les citoyins omis, se presenterait au Comité et quand suite il en serait rendu compte et que lecture en serait faite au temple de l'Etre Suprême.

(18 fructidor an II ; 4 septembre 1794.)

On peut dire, à la décharge des volontaires, que de sérieuses déceptions les attendaient au corps, quand ils le rejoignaient.

En dehors des souliers, dont une légende qui a eu longtemps cours, les faisait volontiers manquer, souvent, à les croire tout au moins, les fusils faisaient également défaut.

Le 22 novembre 1791, ils signalaient le fait à la Société qui s'indignait fort et s'empressait d'écrire à l'Assemblée nationale.

Avant de s'indigner, il eut été, peut-être, plus sage d'en vérifier l'authenticité. Puis, si, vraiment, les fusils manquaient, il était très naturel d'armer, d'abord les troupes de ligne, qui savaient s'en servir, et de faire attendre un peu les volontaires, pour qui c'était un jouet assez nouveau.

Après la lecture du procès verbal, on a fait celle d'une lettre de nos freres les volontaires de ce département en garnison.à Coucy le château, qui se plaignent amerement du Ministre de la Guerre, qui leur a envoyé un très petit nombre de fusils, en bien mauvais état. L'Assemblée justement indignée de ce fait et autres que nos freres dénoncent en même temps, a arrêté que le Comité de Correspondance seroient chargé d'en instruire l'Assemblée Nationale ainsi que nos freres les Jacobins, et mention honorable au proces verbal de leur lettre très patriotique a été également arrêté. Le Comité de Correspondance fera aussi une adresse au Département pour appuyer la demande qu'ils font d'un chirurgien.

Les officiers des volontaires ne se contentaient pas de désirer voir armer leurs hommes. Ils avaient également de vieilles rancunes à satisfaire contre les officiers émigrés et demandaient qu'ils soient traités comme de simples prêtres réfractaires, ce à quoi la Société acquiesçait, bien entendu, sans discussion.

Un officier volontaire a demandés que tous les officiers émigrés subissent le même sort que les prêtres réfractaires. Cet amendement a été adopté pour être joint à l'adresse.

Un officier volontaire a fait sentir a la Société qu'etant sur le point de partir il etoit essentiel qu'ils fussent armés. La Société a arreté que petition en seroit faite aux corps administratifs.

(17 octobre 1791.)

Le 23 octobre, les bataillons de Loir-et-Cher et d'Indre-et-Loire n'étaient guère plus armés.

La Société prit un grand parti : elle écrivit au frère Chabot.

Ce Chabot qui représenta le Loir-et-Cher à la Législative et à la Convention où il laissa un fâcheux souvenir, s'était fait dans ces deux assemblées une spécialité : il dénonçait — on dirait aujourd'hui interpellait — le ministre de la guerre.

Chabot avait bien porté le sac. Il avait été capucin.

' La Societé sur la motion qui lui a été faite et
appuyée a arretés qu'il seroit ecrit à notre frere
Chabot, pour lui faire connaitre que les bataillons
de Loir et Cher, ceux de l'Indre et Loir, partoient
presque tous sans etre armée, et celas, mercredy
26 du courant, pour se rendre à Coussi et aux
frontieres.

(23 octobre 1791.)

Ils n'avaient pas davantage touché de chirurgien-major. Leur armement était réellement in-
complet.

Diverses lettres de nos freres du bataillon des
volontaires de ce departement lues par divers so-
cietaires par lesquelles ils invitent la Societé à se
joindre à eux pour leur obtenir un chirurgien
major et ce qui leur manquent de leur armement.
La Societé a arrêté qu'il seroit fait une petition au
Departement pour l'inviter à prendre en consideration la demande de nos freres.

(28 décembre 1791.)

Quand tout ce monde là fut armé, il faut confesser que les armes eurent plus d'une fois à souffrir d'être en des mains aussi inexpérimentées.
Les anciens soldats de carrière avaient pour elles
un soin resté légendaire. On n'en saurait dire autant des combattants improvisés que levait la
France. Beaucoup d'armes étaient hors d'usage
avant même d'avoir servi.

Le Comité de salut public s'émut et chercha des

responsabilités. Son émotion fut courte et ne tira
pas, semble-t-il, à conséquence.

Autre lettre du Comité de Salut Public qui l'invite à rendre les chefs des bataillons et d'escadrons responsables des dégats commis sur les armes et les harnois des chevaux qui se trouvent dans les differents transports dans le plus grand délabrement.

(16 floréal an II ; 5 mai 1794.)

Le 29 mai suivant, un membre de la Société y dénonçait — que ne dénonçait-on pas — la découverte qu'il avait faite, dans une auberge, d'un habit laissé par un volontaire du bataillon de Paris :

Un membre a denoncé une découverte qu'il a faite d'un habit qu'un volontaire avoit laissé dans une auberge ,en ayant un autre sur son corps et a demandé qu'il fut nommé des commissaires pour se joindre à ceux nommés par la municipalité pour (en blanc) la visite des fournitures de chaque espèce donnée à chaque soldat.
Après differentes discussions il a été arreté qu'il seroit ecrit au commissaire des guerres à l'effet de luy demander l'etat des effets donnés au bataillon de Paris et que d'après il fut nommé neuf commissaires pour etre presents demain matin à la Grande Pièce (1) ou le Général fera rassembler

(1) La grande Pièce ou place de la Halle, située à Blois, dans le haut de la ville, où sont tenus les marchés aux légumes et les foires aux bestiaux.

sur la proposition, le bataillon de Paris. Les commissaires sont.....

(11 prairial an II.)

Ce bataillon semblait, en vérité, singulièrement administré. C'était la « pagaïe » dans ce qu'elle avait de plus saumâtre. Ce fut pour la Société une occasion heureuse d'utiliser la compétence administrative d'un de ses membres :

> Un membre de la Commission pour la vérification de l'habillement et équipement du 14ᵉ bataillon de Paris a fait un raport par lequel il détail la mauvaise administration et les dilapidations qui existoient dans ledit bataillon .
> Un autre a dit que le Conseil d'administration avoit pris des arrangemens pour remplir les angagemens qu'avoient pu prendre quelques chefs dudit bataillon.

(11 prairial an II.)

Un volontaire de la Vienne faisait mieux et, au moment de déserter, sans doute, jetait en plein champ son fusil et sa baïonnette, que triomphalement un Ami de la Constitution apportait, le lendemain, à la Société.

Occasion non moins bonne de critiquer l' « apathie inexcusable » des hommes et l'indifférence des officiers qui devraient demeurer à la caserné « afin de veiller plus particulièrement sur ces abus ».

Un membre présente un fusil et sa bayonnette trouvé dans les champs ,on observe qu'il appartient a un volontaire du bataillon de la Vienne.

Que plusieurs d'entre eux etoient d'une apathie inexcusable qu'il en etoit qui portoient des seaux d'eau avec le canon de leur fusil ; qu'il faudroit que les officiers demeurassent à la cazerne afin de veiller plus particulierement sur ces abus. Un officier du bataillon present a la seance a repondu energiquement que la discipline etoit severement observée dans son corps ; qu'il y a bien quelques mauvais soldats ,mais que la majorité du bataillon étoit animée du·meilleur esprit et qu'ils bruloient d'aller se mesurer avec les brigands de la Vendée ou avec les Tyrans du Nord.

La discussion terminée et l'affaire mise aux voix, arrêté que le fusil sera remis à la Municipalité.

(5 messidor an II ; 23 juin 1794.)

Heureux encore quand, avec leur incurable manie de s'occuper des affaires militaires, les Amis de la Constitution ne consacraient pas un paragraphe de la « décision » à la malpropreté des locaux disciplinaires ou à la quantité de porc servie aux hommes malades.

La visite même des... femmes du monde (1) ne

---

(1) « Au XVIIIᵉ siècle, on disait d'une femme entretenue : C'est une femme du monde. » (Lorédan LARCHEY) Les pauvres filles, si, du moins elles avaient été entretenues !

ies laissait pas indifférents. Dans l'effondrement de la société et des coutumes, Bébé-Rose et Marie-Mange-mon-Prêt avaient conservé cette appellation cruellement ironique.

Un membre a demendé la parole pour une motion d'ordre relativement a la propreté des casernes et leurs a lentours, inci que d'autre endroit publique qui repandre le plus mauvais aires possible dans (cette) Citté, et demânde que l'on ecrives au caumissaires des guêrre dans le plus bref délais ,pour qu'il donne tous les requisitoire necessaires pour opérée cette propreté, le tout sous sa responsabilité ; qu'on invite auci la municipalité a la plus grandre surveillance a se sujet, comme ausi a la trop grandre consomation de porc qu'il se fait a l'hopital militaire et inspecter la bonne ou mauvaise qualité. La Sociefé arrêtte tout le principes de la motion faite ci dessus et charge son Comité de correspondance d'écrire en conséquence.
La Societé arette auci que petition sera faite au district pour l'établissement et l'organisation d'un conseil de discipline militaire pour la garnison dans les plus brefs délais.
Arrêtte en outre que la municipalité sera invitté de surveillé très escrupuleusement les feme du monde...' (24 bis)

(24 germinal an II ; 13 avril 1794.)

Les Amis de la Constitution auraient pu charger de cette surveillance les citoyennes dont la présence faisait l'ornement de leurs galeries. Il y

4

avait là des matrones dont les « jolis petits
doigts » semblaient tout désignés pour cette be-
sogne (1).

---

(1) Et elles étaient assermentées.

« L'un des secretaires a fait lecture d'une lèttre de
Madame Masnyer par laquelle elle engage les dames de
notre Societé à imiter leurs exemples, les excitant à se
former en clubs patriotiques. Un membre ayant obtenue la parole apuya la motion de cette dame et engagea
la Societé à seder le locals que nous avons aus Bénédic-
tin. Monsieur le Président ayant resumé cest differente
motion, a prié les dames presente a notre séance d'entrer dans l'interieur de notre sale et de preter le serment
usité parmi nous, ce que ces dames ont fait. La Cocieté
a arreté que mantion cerait faitte sur une l'ste du nom
de ses braves citoiennes... »

(11 septembre 1791.)

III

**Efforts des Amis de la Constitution pour attirer
à eux les troupes de la garnison. — Leur campagne contre les officiers. — Hommes punis et
beaux parleurs. — Les cavaliers du** *Royal-Cravates.* **— Une dénonciation contre leur colonel.
— Le** *Royal-Roussillon.* **— Une dénonciation
qui fait long feu.**

La Société ne se tint pas malheureusement à
des généralités sur l'armée et son organisation, ou
à des minuties de service intérieur, qui, si ridicules qu'elles fussent, étaient peu dangereuses.

Son action sur les régiments en garnison à
Blois fut plus immédiate et d'autant plus délé-
tère qu'elle fut incessante.

Elle eut peu à faire avec le *Royal-Comtois*
(1), qui, après avoir pris part au pacte fédératif

(1) Le régiment de *Royal-Comtois*, avait été fondé en
1674 et Louis XIV en avait donné le commandement au
marquis de Listenois, dont il porta le nom jusqu'en
1685.
Commandé par le baron Jean-Georges-Claude Baude
de Pont-l'Abbé, le *Royal-Comtois*, aussi bien à Blois où
il arriva en avril 1788, qu'à Poitiers et qu'à Orléans, où il

du 14 juillet, quitta Blois, où il laissa d'univer-
sels regrets, à la fin de 1790.

Tout juste si le club eut occasion de s'occuper
et de prendre les intérêts d'un déserteur. C'était
un soin dont elle ne pouvait se dispenser ; le régiment était parti depuis six mois qu'elle poursui-
vait encore le ministre de la guerre de ses réclamations au sujet de ce mauvais soldat, qui, naturellement, avait toute sa sympathie.

Le 28 juin 1791, un membre de la Société pro-
posait «' à l'assemblée de présenter une pétition
aux corps administratifs à l'effet de presser le ju-

---

détacha des compagnies pour maintenir la tranquillité,
au cours des temps difficiles qui suivirent, « se montra
partout un modèle de discipline ».

Ce bel exemple mérite d'être signalé et peu de régiments le donnèrent. Dans presque tous les corps l'indiscipline et l'esprit des clubs régnaient. Les soldats
n'étaient plus militaires, mais jacobins. Ils avaient pour
leurs officiers la haine aveugle que l'aurore des temps
nouveaux inspirait aux patriotes pour des aristocrates.

Dès juin 1790, le ministre de la guerre, le comte de
la Tour du Pin signalait à l'Assemblée nationale la
situation lamentable de l'armée et l'anarchie qui la
menaçait, « les prétentions les plus inouies affichées
sans détours, les ordonnances sans force, les chefs sans
autorité, la caisse militaire et les drapeaux enlevés, les
ordres du roi lui-même bravés hautement, les officiers
avilis, menacés, chassés, quelques-uns même captifs au
milieu de leur propre troupe, y traînant une vie pré-
caire au sein des dégoûts et des humiliations (j'insiste

gement d'un chasseur du Royal-Comtois coupable de désertion ».

Les corps administratifs ne mirent pas, paraît-il, une hâte suffisante à obéir à cette injonction, car, le 13 août suivant, la Société revenait à la charge et tançait assez vivement le ministre de la guerre pour n'avoir pas donné une suite favorable à l'affaire de ce malandrin :

Sur la lettre du déserteur de Royal Comtois, un membre a demandé la parole pour donner ses connaissances à ce sujet et s'est résumé d'ecrire au Comité militaire et une lettre vigoureuse au Ministre de la Guerre.

---

sur la date : 1790) et pour comble d'horreur, des commandants égorgés sous les yeux et jusque dans les bras de leurs propres soldats... »

Emeutes, mutineries ; Nancy ensanglanté par l'insurrection des *Suisses de Châteauvieux* et du *Régiment du Roi* (infanterie) et par la nécessaire répression qui suivit : les sociétés populaires pouvaient être fières de leur œuvre, la désorganisation complète de l'armée était proche. D'origine aristocratique ou bourgeoise, elle en acculait les chefs à l'émigration ou à la guillotine, s'ils n'avaient pas eu à temps le triste courage de fuir et de s'expatrier.

En quittant Blois, en décembre 1790, le *Royal-Comtois* fut dirigé sur Avesnes, puis sur Douai (avril 1791).

Cf : Général SUSANE : *Histoire de l'Infanterie française.* (Paris, Dumaine, 1876-1877, 5 in-12, IV, 410-419.) — TAINE : *Les origines de la France contemporaine. La Révolution,* I, (Paris, Hachette, 1878, in-8, pp : 421-432.)

Bien entendu, il était en même temps décidé de s'adresser aux députés du département. C'était l'occasion ou jamais de faire entrer en jeu l'action parlementaire.

Un membre a fait l'amendement d'ecrire aux députés de ce département à ce sujet pour la presenter à l'Assemblée Nationale. Il a été arreté que ces lettres seront presentées demain.

Contrairement au *Royal-Comtois*, le *Royal-Cravates* (1), qui, depuis 1790 avait un déta-

---

(1) Reconstitué, en 1643, par le comte de Balthasard, frère de Mme de Montespan, avec les croates provenant des trois régiments hongrois ayant appartenu aux régiments de cavalerie étrangère pris à sa solde par Louis XIII, en 1635, le *Royal-Cravates*, portait ce nom depuis 1667.

Royal-Cravates qui avait pour colonel — honoraire — 'M. de Valentinois, prince héréditaire de Monaco, était en réalité, commandé par M. Charles-Joseph Randon de Pully, son premier lieutenant-colonel, qui devait le commander en nom, du 5 au 25 février 1792, où il passa le commandement à M. de la Tourmelière, son lieutenant-colonel.

Les chefs, les dénonciations aidant, avaient tôt fait de devenir suspects.

Le *Royal-Cravates* avait une première fois, tenu garnison à Vendôme, en 1782. Il y revint le 27 août 1789, arrivant de Melun et de Provins ; en 1790, il y assista en armes à la fête de la fédération, réprima, à Mondoubleau, un semblant d'émeute, provoqué par Robbé de la Grange, le neveu de Robbé de Beauveset ; puis, fit place, en mai 1791, aux *Dragons de Chartres*, devenus

chement caserné à Chambord, dans l'ancien quartier des uhlans de Maurice de Saxe (1), fut souvent représenté aux séances de la Société et subit son influence sans que, cependant, son service ait semblé trop en souffrir.

Quelques cavaliers beaux parleurs venaient pérorer aux réunions du club et y récoltaient des lauriers faciles. Les habitués eussent eu mauvais goût à se montrer difficiles, puis, l'uniforme de ces hommes de cheval les flattait.

Il a ensuite été fait lecture d'une lettre de nos

le 14e Dragons, qui, à leur tour assistèrent à la Fédération de 1791 et suivirent, plus qu'il n'aurait fallu, les séances des *Amis de la Constitution* de Vendôme, malgré la dénonciation dont ils avaient été l'objet dans le *Courrier* de Gorsas, à leur arrivée à Vendôme. (*Courrier* du 2 juin 1791). Aux *Dragons de Chartres* succéda, en août 1791, un escadron du *Royal - Roussillon* (cavalerie, qu'il ne faut pas confondre avec le régiment d'infanterie portant le même nom).

De Vendôme, *Royal Cravates* devait gagner Angers. Il y avait, depuis mai 1790, un détachement caserné à Chambord.

Cf : Général SUSANE : *Histoire de la Cavalerie française.* (Paris, J. Hetzel, 1874, 3 in-12 ; II, pp : 75-85.)

L'Abbé MÉTAIS *Vendôme pendant la Révolution.*

Dr F. LESUEUR : *L'Assemblée de département de Blois et Romorantin ;* (Blois, 1910, in-8, pp : 332-333.)

(1) Sur Maurice de Saxe et ses uhlans, Cf : Comte Henry de La BASSETIERE : *Maurice de Saxe et ses uhlans, 1748-1750. (Revue de Loir-et-Cher,* 1893, cc : 129-139 ; 161-177.)

freres du 10° Regiment, cy-devant Royal Cravatte, en garnison dans cette ville, par laquelle ils protestent de leurs sentimens et de leur zèle pour le nouvel ordre de choses. La Société penetrée de reconnoissance, a arrêté que le Comité de Correspondance repondroit à nos freres du 10° Regiment et que copie de leur lettre seroit envoyée à Gorsas (1). (6 juin 1791.)

Le secrétaire, il est vrai, tarda un peu à répondre à cette adresse et un murmure d'indignation accueillit l'aveu de sa négligence.

On a aussi demandé au meme Comité la reponse à la lettre de nos freres de Cravatte, Mr le rapporteur a dit ignorer cette lettre ce qui a excité quelques murmures fondés sur la reconnoissance qui doit toujours payer les honnetetés qui nous sont defferées, mais il a promis de se conferer avec ses collegues et de mettre au plutot sous les yeux de l'assemblée laditte reponse a faire.

(13 juin 1791.)

Et il fut écrit à Gorsas :

Lecture a été faite de l'envoi au Sr Gorsas de

---

(1) Antoine-Joseph Gorsas, né à Limoges le 24 mars 1752, guillotiné à Paris le 26 vendemiaire an II, (17 octobre 1793.) — Gorsas avait fondé à Versailles, en 1789, le *Courrier de Versailles*, qui devint successivement le *Courrier de Paris* puis *des quatre-vingt-trois départements*. Nommé à la Convention le 10 septembre 1792, Gorsas s'y prononça contre la mort du roi, vit saccager son imprimerie par les partisans de Marat (8 mars 1793), et fut condamné et exécuté le 17 octobre 1793.

la lettre de nos braves patriotes de Royal Cravatte. (14 juin 1791.)

C'était de la bonne copie que Gorsas n'eut garde de mépriser :

« LOIR-CHER. — Les amis de la constitution
de cette ville, pénétrés d'estime et de la plus
sincere affection pour leurs FF. les cavaliers du
10ᵉ régiment, ci devant *Cravatte*, ne croyant pas
donner une plus grande preuve du patriotisme de
ces braves gens, nous invite à insérer l'extrait
d'une lettre qu'ils ont écrite à la Société.
——— « Ce n'est que dans des vues de fraternité,
que nous venons habiter vos foyers et pour vous
faire connoître que nous sommes françois comme
vous ; marcher à vos côtés, c'est notre seul espoir.
Pour combattre à pied et à cheval, et pour être
vêtus de couleurs diverses, soutenons-nous des
intérêts divers ! en sommes-nous moins enfants
de la Patrie !... Une grande émulatior peut seule
opérer des prodiges, c'est au patriotisne que les
vainqueurs de Marathon dûrent leur gloire, et
(1) Rome naissante sa liberté. Ce sont-là nos sentimens. »

C'est beau d'avoir été à l'école du soir !
Le zèle des cavaliers de *Royal-Cravates* ne se
démentait point et méritait ces encouragements.
Le 2 juillet 1791, ils demandaient à joindre aux
« couleurs diverses » de leur uniforme les rubans
du club.

---

(1) *Courrier des 83 départements*, 18 juin 1791.

Un de nos freres de Royal Cravattes a demandé
des rubans patriotiques pour 25 de ses camarades
en detachement à Chambord : il en a été delivré
de suite, ainsi qu'à plusieurs de nos freres de
Rouergue (1) et de Cravattes dont l'assiduité à
nos séances a le plus flatté la Societé.

Six semaines plus tard, l'enthousiasme de la
Société ne connaissait plus de limite : un sociétaire que l'on ne nommait pas, mais qui, certainement, appartenait au *Royal-Cravates*, en dénonçait le colonel comme susceptible de n'avoir
pas prêté le serment prescrit par le décret du 22
juin 1791.

C'était là mieux qu'une honnêteté.

Mr le President a fait lecture d'une lettre d'un
sociétaire qui annonce que le Sr Puilly (2), colonel du regiment de Royal Cravatte, est soup-
conné de n'etre pas assermenté suivant les decrets,
et que, cependant, il a passé la revue. Il a été
arretté que l'on ecriroit une lettre de remerciements à l'auteur de la lettre.

(2 juillet 1791.)

Le patriotisme du *Royal-Cravates* était indé-

---

(1) Le 1er bataillon du régiment de *Rouergue*, dont il
ne sera ultérieurement que trop question, avait quitté
Quimper, le 16 mai 1791, pour se rendre à Blois, où il
était arrivé dans les derniers jours du mois.

(1) De Pully.

niable, et lorsque vint l'heure du départ du détachement (1), les frères des Amis de la Constitution et du 10e régiment eurent des larmes dans
la voix pour célébrer la sympathie et les vertus
qui les unissaient.

Un frere d'armes du 10me regiment de cavalerie
ayant obtenue la parole a prononcé un discours en
remerciement des hòneteté que la Societé leurs

---

(1) Par règlements du 1er janvier 1791, les régiments de
cavalerie avaient été conservés à trois escadrons, de
trois compagnies chacun.

La compagnie comprenait : un maréchal des logis
chef, deux maréchaux des logis, un brigadier fourrier,
quatre brigadiers, quatre appointés, un trompette et 54
cavaliers, dont quatre à pied, commandés par un capitaine, un lieutenant et deux sous-lieutenants.

Etat-major : un colonel, deux lieutenants-colonels, un
quartier-maître trésorier, un aumônier, un chirurgien-
major (tous deux à pied), deux adjudants, un trompette-
major, un maître maréchal, un maître sellier, un maître tailleur, un maître bottier, un maître culottier, tous
cinq à pied.

Par suite de la suppression du colonel-général, du
mestre de camp, du commissaire général, des chefs
d'escadrons, des capitaines et lieutenants de remplace-
ment, des trois lieutenants surnuméraires et des porte-
étendard, le nombre des officiers se trouvait réduit de
38 à 28.

Le grade de major était également supprimé.

L'effectif d'un régiment complet était ainsi de 28 officiers et de 411 cavaliers, total 439, dont 420 montés.

Cf : *Etat militaire de France pour l'année 1791* ; par
M. de Roussel ; (Paris, Onfroy, 1791, in-16).

a prodigués et qu'ils ont si bien mérité. La Societé a favorablement accueillie se discours et a
areté que mension honorable en seroit faite au
proces verbal.

Les cavaliers du 10ᵉ régiment de cavalerie
avaient dénoncé leur colonel. C'était là un début
qui promettait. Avec le *Royal-Roussillon* (1), les

(1) Le *Royal-Roussillon*, qui avait déjà tenu garnison
à Blois, où il avait remplacé le Régiment de *Saintonge*,
de 1723 à juin 1724, et où son lieutenant-colonel, M.
François de Gimenels, était mort subitement en passant
une revue (10 mai 1723), avait été levé, en 1657, sur l'ordre du cardinal de Mazarin, en Roussillon et en Cata-
logne, d'où les noms de *Cardinal-Mazarin* et de *Royal-
Catalan* qu'il porta d'abord, avant de devenir, en 1667,
le Régiment royal de *Roussillon*.

Le *Royal-Roussillon*, dont le 1er bataillon avait servi
au Canada et le second aux Indes, après avoir été en
garnison à Longwy (1785), à Sedan (1786), à Metz (décembre 1787), à Rochefort et à la Rochelle (mai 1788),
avait été envoyé à Poitiers en mars 1789, puis à Tours
en janvier 1791.

De Tours, il fut « employé à réprimer quelques troubles à Chinon, Luynes et autres petites villes des environs ». Puis ce furent les détachements successifs ca-
sernés à Blois, avant de se rendre à Versailles en avril
et en juin 1791, d'où le régiment devait gagner Sarre-
louis, puis Longwy (mai 1792.)

Devenu le 54ᵉ d'infanterie, le *Royal-Roussillon* avait
pour colonel M. de Broissia et pour lieutenants-colonels,
MM. de Sariac et d'Aigreville.

Cf : Gal SUSANE : *Histoire de l'Infanterie française*,
IV, pp : 220-228. — *Journaux inédits de Jean Desnoyers
et d'Isaac Girard* (Paris, H. Champion, 1912, in-3). — *Etat
militaire de 1791.*

choses allèrent plus loin et faillirent se gâter, en attendant qu'elles se gâtassent tout à fait avec le régiment de *Rouergue*.

En mars 1791, à la demande du Département et sur les instances des députés de Loir-et-Cher, le *Royal-Roussillon* avait envoyé de Tours à Blois un détachement qui fut commandé, le 27 mars, pour assister à l'installation solennelle de l'évêque Grégoire.

Le régiment ne témoigna pas, semble-t-il, d'un enthousiasme suffisant pour cette cérémonie et ne rendit pas aux drapeaux de la garde nationale (1) et à l'évêque les honneurs que les Amis de la Constitution leur jugeaient dus.

Nouvelle occasion pour la Société de se mêler de ce qui ne la regardait pas. L'un des courageux anonymes que l'on retrouve à chaque page des procès-verbaux fut trouver l'officier commandant le détachement et lui adressa des observations.

Beaucoup se fussent évidemment contentés de faire empoigner le protestataire par quatre hommes et de le faire mettre à l'ombre pour quelques heures.

_____

(1) En dehors d'un drapeau acheté 600 livres par la Municipalité, la Garde nationale en possédait un second qui lui avait été offert par les « dames citoyennes ».

Ils avaient été bénits l'un et l'autre à la Cathédrale, puis remis à la Garde nationale, le 12 juillet, 1790.

Mais, les têtes étaient déjà suffisamment montées et cette intervention trahissait une mentalité assez spéciale, pour qu'il fût bon de prendre au sérieux les facéties des Amis de la Constitution et de ne rien brusquer.

Bien inspiré, l'officier de service, M. de Ponta-vice (1) se borna à répondre « qu'il s'étoit rendu à l'injonction à lui faite par la Municipalité et que l'on ne pourroit exiger rien autre chose de lui. »

Un patriote ne pouvait se contenter de cette réponse. Le soir même, il dénonçait l'officier à la Société qui lui voua une de ces haines vigoureuses que les âmes vertueuses ne sont pas seules à connaître.

Un autre membre ayant de suite demandé et obtenu la parole nous a dit que ce matin à la cérémonie de l'installation de M. Notre Evêque, s'etant apperçu que le detachement de Royal Roussillon ne faisoit pas les memes evolutions que notre Garde Nationale, qu'ils ne presentoient pas les armes devant nos drapeaux, s'etant, dis-je, apperçu qu'au lieu de faire porter les armes lors du passage dudit sieur Evêque ils etoient restés dans l'inaction et avoient tourné le dos. Lors de l'aspersion il s'etoit présenté au sieur Depontavis commandant pour lors ledit détachement et

---

(1) Deux lieutenants, sans doute les deux frères, portent, au Royal-Roussillon, sur l'Etat militaire de 1791, ce même nom, sans qu'aucun prénom les distingue l'un de l'autre.

lui avoit demandé pourquoi il negligeoit de faire
faire a sa troupe les memes evolutions que notre
Garde Nationale et affectoit un air de mépris pour
la cérémonie. Ce a quoi ledit officier à répondu
qu'il s'etoit rendu a l'injonction a lui faite par la
Municipalité et que l'on ne pourroit exiger rien
autre chose de lui.

Et sur ladite dénonciation l'assemblée a arretté
que les sécretaires seroient chargés de rédiger une
pétition aux corps administratifs de cette ville tendante à ce qu'ils veuillent bien dénoncer au Ministre de la Guerre l'officier commandant le détachement de Royal Roussillon lors de l'installa-
lation de Mr l'Evesque du département de Loir
et Cher.

(27 mars 1791.)

Une pétition aux corps administratifs de la ville pour leur faire dénoncer l'officier coupable au
Ministre de la guerre ! Peste ! les Amis de la Constitution n'y allaient pas de main morte. Elle était
même assez lourde et leur geste manquait d'élégance. Le contraire eut pu étonner.

Les hommes du *Royal-Roussilon* avaient déjà
suffisamment suivi les séances de la Société pour
avoir perdu tout esprit de corps et tout esprit de
discipline. S'associant à la dénonciation dont leur
chef avait été l'objet, ils, s'empressaient, le 30
mars, d'adresser au club une lettre empreinte de
ce que le procès verbal appelle le « plus pur patriotisme ».

Il a été de suite été fait lecture d'une lettre du détachement de Royal Roussillon dans laquelle ils font preuve du plus pur patriotisme et prient la Société de croire qu'ils n'ont nullement participé a la faute du sieur Pontavis leur officier commandant lors de l'installation de Mr l'Evesque du département de Loir et Cher dénoncé dans la séance du vingt huit courant (1). Sur quoi il a été arrêtté : 1° qu'il sera fait quatre copies, dont l'une sera envoyée à la Garde Nationale de Blois et les trois autres aux differens corps administratifs de la même ville ; 2° que le président sera chargé de voter des compliments a Mrs de Royal Roussillon ; 3° que mention honorable de ladite lettre sera' fait au procés verbal du jour.

(30 mars 1791.)

Le « régiment moderne » sévissait déjà dans toute son horreur. Un homme ne pouvait ramasser quatre jours sans écrire, le lendemain, à la Société, qui, après rapport et enquête, faisait « marcher » les députés.

Les mœurs du parlementarisme n'avaient pas été longues à s'implanter.

Le Comité des Rapports à de suite fait part de son travail sur une pétition faite à la Société par un nommé Blanchy, soldat au détachement de Royal Roussillon, sur laquelle la Société, oui son Comité des Rapports, a déclaré n'y avoir lieu

(1) Le procès-verbal de la séance porte la date du 27.

à délibérer, jusqu'à ce que ladite petition soit appuyée de la signature de plusieurs des camarades dudit Blanchy.

(30 mars 1791.)

M. de Pontavice ne pouvait imaginer quels mauvais chiens étaient découplés à ses trousses. Après avoir été dénoncé, le 30 mars, au ministre de la guerre, le 31, il était dénoncé à la Société populaire de Tours, et ce n'était que le commencement.

A l'ouverture de la séance il a été arrêté sur les observatio⸱ ⸱ de differens membres qu'il seroit envoyé à nos ⸱ ⸱es de Tours copie de la dénonciation faite dans la seance du vingt six (1) mars contre le nommé Pontavis, commandant le détachement de Royal Roussillon lors de l'installation de Mr l'Evesque du département de Loir et Cher, ensemble copie de la lettre ecritte à la Societé par ledit detachement en date du vingt neuf du meme mois.

(31 mars 1791.)

Le texte de la lettre était soumis le lendemain à la Société et adressé aux frères de Tours, cependant que les soldats de *Royal-Roussillon*, « embrasés du plus pur patriotisme », venaient ap-

---

(2) Du 27 et ⸱on du 26,

prendre avec enthousiasme au club les principes de l'insubordination.

Nos braves freres de Royal Roussillon embrasés du plus pur patriotisme nous ont dit que nous pouvions compter sur leurs bras et ont, pour appuyer leurs offres, demandé, au nombre de trois (à) preté le serment et (à être) reçu dans la Société, et les trois soldats ont été décorés du ruban de ladite Société, qui a de suite arretté que son Comité d'Economie seroit chargé de faire venir d'Orléans un nombre suffisant de rubans pour en décorer tous nos dits freres de Royal Roussillon.

(5 avril 1791.)

Le 6 avril, seize nouveaux catéchumènes venaient recevoir l'initiation et écouter la bonne parole.

A l'ouverture de la séance seize de nos frères du détachement de *Royal Roussillon* se sont presentés à la barre pour prêter notre serment et ont été de suite décorés de notre ruban.

Que de rubans ! et les misérables n'étaient pas sans y joindre quelques fleurs de rhétorique.

Un soldat du regiment Royal Roussillon a demandé la parolle, laquelle luy ayant été accordée, il a fait au nom de tous ses camarades un discours par lequel il a exprimé avec l'energie qui caractérise le soldat vrayment citoyen, les sentimens dont ils étaient tous pénetrés, non seulement pour notre cité, mais encore pour tout ce qui peut contribuer au maintien de la nouvelle Constitution.Ce discours a reçu de l'assemblée les plus vifs applaudissemens et elle a arrêté que mention honorable en seroit faite sur le proces verbal du jour.

(9 avril 1791.)

Les officiers trouvèrent que ça faisait tout de même beaucoup de rubans et, jugeant que l'uniforme de leurs hommes s'accommodait mal de ces oripeaux, les invitèrent à les laisser dans leur paquetage.

N'était-ce pas là une insulte pour la Société ? Du coup, le sieur Roger Diacre élabora une nouvelle dénonciation contre les officiers de *Royal-Roussillon*, tendant à obtenir leur élimination : le diacre n'était-il pas un peu chargé, dans l'ancienne église, de la police et de la propreté du temple ?

Quant à M. de Pontavice, suivant un rituel dont ce Diacre fixait l'ordre et la forme, il devrait faire amende honorable aux drapeaux de la garde nationale. Puis, il y a des façons de faire sortir du lieu saint les braillards attardés, qui, vraiment ne sont pas de mise !

Le president a fait ensuitte un discours patriotique aux braves soldats du détachement de

Royal Roussillon sur le civisme et le patriotisme qu'ils ont constamment montré dans cette Société.

Ensuitte M. Roger Diacre a fait la motion de presenter une adresse au Ministre pour eliminer les officiers commandant le detachement Royal Roussillon et en demander d'autres du meme corps, cette motion a été adoptée et l'assemblée a arrêté que le president serait chargé (d'écrire) dans le jour au Ministre de la Guerre, à l'assemblée des Jacobins à Paris, au Comité militaire de l'Assemblée nationale pour que le detachement de Roussillon soit conservé a Blois ; de denoncer pareillement l'insulte faitte par le Sr Pontavis aux drapeaux de la Garde nationalle lors de l'installation du sieur Gregoire Evesque du departement, qu'a cet effet le dit sieur Pontavis serait personnellement (tenu) de rendre a la tete du corps satisfaction de l'insulte par luy faitté, que le serment civique serait prononcé par les officiers, comme aussy le cri : aux armes du sieur Mereau (1) commandant le détachement, pour faire sortir de la Société les soldats qui y assistent sous pretexte que 20 hommes étaient commandés pour renforcer la Garde nationalle ; la deffense faite par les officiers de Roussillon à leurs soldats de porter le ruban adopté par tous les membres de la Société qu'ils avaient tous arboré avec le plus vif empressement.

(10 avril 1791.)

En attendant qu'il fut fait aux officiers des conférences sur leurs devoirs envers les hommes,

---

(1) Le capitaine de Mairot. — *Etat militaire* de 1791).

— ce rôle social dont il a été tant abusé, — l'on décida de faire aux soldats une causerie sur leurs *droits*.

Il a été de suite proposé qu'il fut fait lecture de la partie des décrets concernant l'organisation militaire aux braves soldats de Roussillon afin de leur faire connaître leurs droits. Cette pétition adoptée l'assemblée a arreté que cette lecture serait faitte incessamment auxdits soldats de Roussillon.

(10 avril 1791.)

Néanmoins, les rubans, sans lesquels il n'est permissionnaire qui se respecte, s'il respecte peu son uniforme, demeuraient interdits.

Sur une motion faitte il a été arresté que le président écrira au major du régiment de Royal Roussillon pour le prier de retirer l'ordre qu'il a donné aux soldats dudit régiment de ne plus porter le ruban de la Société.

(12 avril 1791.)

Le lendemain, la dénonciation au Ministre de la guerre étant revenue sur l'eau, un coup de théâtre assez inattendu se produisit. Au grand étonnement de la Société, le commandant de la Garde nationale révéla à l'assemblée que le ministre de la guerre avait répondu à la dénoncia-

tion des Amis de la Constitution et qu'il était
prêt à communiquer sa réponse.

Elle était peu favorable sans doute, pour qu'elle
n'ait point même été mentionnée jusque là. Ces
patriotes n'avaient point accoutumé de triom-
pher aussi modestement.

Un autre membre a réitéré une dénonciation
desja faitte à l'Assemblée sur l'insulte faitte aux
drapeaux de la Garde nationalle par l'officier
commandant le détachement de Royal Roussillon
lors de l'installation de Mr Grégoire, Evêque de
Blois, la raison du retard de la reponce du ministre de la guerre a ce sujet.

Mr le Commandant de la Garde nationalle
ayant demandé la parolle est monté à la tribune et a dit que le ministre avoit repondu, qu'il
etoit pret a communiquer sa lettre, ce qui ayant
été demandé par l'assemblée, il en a été fait lecture a laquelle il a été applaudi.

(13 avril 1791.)

Les frères du *Royal-Roussillon* devant incessamment quitter Blois où un nouveau détachement
allait les relever, la Société ne manqua point de
leur accorder un certificat de bien vivre des plus
élogieux, tout en invitant leurs camarades à suivre leur exemple et à venir en foule inonder ses
portiques.

Mr le Commandant de la Garde Nationalle est

monté à la tribune et a demandé que le Comité de
correspondance fut chargé de voter des remerciements aux braves soldats du régiment de
Royal Roussillon sur la bonne conduite qu'ils ont
tenu en cette ville, sur les preuves qu'ils ont
donné de leur patriotisme, et les engager à inviter leurs camarades qui doivent les remplacer
a venir prendre part à nos séances.

(18 avril 1791.)

Pour la dernière fois, le 20 avril, un soldat du
premier détachement mêlait ces paroles honnêtes
aux palabres de la Société :

Un soldat de Royal Roussillon ayant obtenu la
parolle a fait tant en son nom que celuy de ses
camarades des remerciemens a l'assemblée sur
l'honneteté qu'elle avoit mis a les admettre. Ses
expressions ont mérité des applaudissemens una-
nimes, il a été décidé qu'il en seroit fait mention
honorable au proces verbal du jour et que le discours seroit mis sur le bureau, ce qui a été exécuté.

(20 avril 1791.)

Le lendemain, pour n'en pas perdre l'habitude, « la conduite indécente du Sr Pontavis » était
dénoncée aux frères de Versailles où se rendait le
Royal-Roussillon et à ceux de Tours, d'où il venait.

Un membre ayant obtenu la parolle et monté à

la tribune, il a demandé que le Comité de Correspondance soit chargé d'ecrire à nos freres de Versailles pour l'informer de la conduite indécente du Sr Pontavis, officier au régiment de Royal Roussillon, et de poursuivre auprès du Ministre et (de) nos freres des Jacobins a Paris la satisfaction qui est deue à la Garde nationalle de cette ville dont il a insulté les drapeaux.

Il a été fait lecture d'une adresse de nos freres de Tours qui exprime la satisfaction qu'ils ont eu de la conduite des soldats du régiment Royal Roussillon et combien ils regrettent de les voir quitter leur ville.

Il a été fait lecture d'une adresse à nos freres de Tours qui les instruit de la conduitte indécente qu'a tenu icy le Sr Pontavis officier au regiment Royal Roussillon.

(21 avril 1791.)

Huit jours plus tard, trouvant que la plaisanterie n'avait pas suffisamment duré, sous prétexte de rendre hommage au civisme de la troupe, cette dénonciation était adressée aux frères versaillais.

Un autre membre du meme Comité (de correspondance) a fait lecture d'une lettre qu'il etait chargé d'ecrire à nos freres de Versailles pour les instruire de la maniere civique et honneste avec laquelle s'etoient conduit les soldats de Roussillon, de l'indécence de leurs officiers et notamment du Sr Pontavis.

(29 avril 1791.)

En vérité, ces gens-là abusaient.

Arrivé à Blois depuis quelques jours, le second détachement n'avait point encore donné signe de vie. La Société jugea qu'il tardait bien à venir témoigner de son patriotisme et lui députa des commissaires pour l'inviter à venir partager ses travaux.

Un membre ayant demandé la parolle a observé que les soldats de Royal Roussillon nouvellement arrivés ne s'etoient pas encore presentés a la Societé, il demandoit qu'il leur fut envoyé des commissaires pour les inviter a nos séances. La motion a été adoptée et les Srs Legros Lustiere et Ligneau ont été nommés pour remplir le vœu de l'assemblée.

(23 avril 1791.)

L'invitation fut accueillie « de la manière la plus honneste ».

Les Srs Hadou et Legros Lustiere commissaires nommés pour inviter les officiers et soldats de Royal Roussillon d'asister aux séances de la Societé ont rendu compte de leur mission et ont dit que leur proposition avoit été accueillie de tous de la maniere la plus honneste. Ce dont l'assemblée a témoigné sa satisfaction.

(25 avril 1791).

Les officiers avaient, sans doute, montré plus de politesse que d'enthousiasme, car quelques semaines plus tard, il n'était bientôt plus question de provoquer, mais de « requérir » leur présence à la pompe funèbre organisée en l'honneur de Mirabeau (1).

Un membre nommé commissaire pour le ceremonial du service de Riquetti ci devant Mirabeau, a instruit la Societé des demandes qu'il avoit fait auprés des officiers du detachement de Royal Roussillon pour y inviter ledit detachement a y assister en armes : la Societé sur quelques observations de differens membres, a arreté que la Municipalité seroit invité a requerir le detachement de Royal Roussillon.

(7 mai 1791.)

_____

(1) A la nouvelle de la mort de Mirabeau, la Société avait pris cette délibération :

« Aujourd'hui, quatrieme jour du mois d'avril mil sept cent quatre vingt onze de la Liberté, la Societé des Amis de la Constitution assemblée dans la salle ordinaire de ses délibérations, à l'ouverture de la séance, un des membres a annoncé la mort du grand Mirabeau, en l'honneur duquel un des autres membres a prononcé un discours, sur quoy la Societé désirant faire faire un service pour le repos de l'âme du Demosthene français, a arrêtté qu'il sera envoyé une députation à Mr l'Evesque du département de Loir et Cher pour lui faire part du vœu de l'assemblée et le sieur Evesque a répondu qu'il approuvoit trés fort le zèle de l'assemblée, mais qu'il croyoit qu'il seroit bon avant de rien faire en l'honneur du grand homme dont toute la France pleuroit la perte, d'attendre que la capitale ait agi.

« Il a été de suite arrêté par la Societé que son Comité de correspondance feroit part à l'Assemblée nationale ainsy qu'à la Société des Amis de la Constitution séante aux Jacobins de Paris, de la vive douleur qu'elle a ressenti en apprenant la mort de Riquetti Mirabeau. »

Cela devenait un service commandé. Les officiers s'y rendirent et assistèrent même, par surcroît, à la séance de la Société qui rendit compte aux frères d'Orléans de leur « conduite honnête ».

La fameuse correction d'attitude dont les chands de vin et les sous-agents électoraux de notre pauvre France ont toujours aimé à se faire juges.

Il a été fait lecture d'une lettre de nos freres d'Orléans, la Société a arreté que le Comité de Correspondance feroit une reponse dans laquelle nos freres seroient prevenu de la conduite honnête des officiers du detachement du 54° regiment en garnison dans cette ville lesquels ont assisté et au service de Riquetti-Mirabeau et a la séance de la Societé. (1).

(12 mai 1791.)

---

(1) Fixée d'abord au 26 avril, la cérémonie fut remise au 3, puis au 10 mai, et le couronnement du buste eut lieu le 29 mai.

Le 28 avril, la Société avait pris ces dispositions, en vue de la cérémonie :

« Un membre de la Société est monté à la tribune pour demander qu'elle prenne le deuil pendant trois jours pour Riquetti cy devant Mirabeau. Il a été sur cette motion arresté que le deuil auroit lieu pendant trois jours consecutifs, scavoir le jour du service et autres suivants, que pendant ce temś personne ne pourroit se presenter à l'assemblée sans ce costume, sans cependant, que ceux qui n'ont pas d'habit noir puissent y etre contraint ou mal vus de la Societé, que le fauteuil du président, la tribune et le bureau des secretaires seroient tendus de noir. L'execution de cet arresté renvoyé au Comité d'Economie... »

Le 15 mai, la Société adressait un rapport dans ce sens à la Municipalité et, le 29, les hommes du détachement, reconnaissants aux Amis de la Constitution des mauvaises leçons qu'ils avaient prises dans leur temple, leur adressaient des adieux fraternels où se retrouvait le « plus pur patriotisme ». Les secrétaires changeaient, mais leurs formules variaient peu.

Il a été fait lecture d'une lettre des sous-offi-ciers et soldats du detachement de Royal Rous-sillon en garnison dans cette ville. Cette lettre qui exprimoit des sentimens fraternels et le plus pur patriotisme a été generalement applaudie, il a été arreté qu'il y seroit sur le champ fait reponse.

Le lendemain, un autre frère donnait une se-conde audition que le secrétaire enregistrait avec un égal plaisir, de ce couplet trop connu.

Un de nos freres du detachement de Royal Roussillon a manifesté en son nom et au nom de ses camarades, les sentimens du plus pur patrio-tisme ; il a temoigné les regrets les plus vifs de s'eloigner des Amis de la Constitution de cette ville, auxquels ils sont attachés par des sentimens vraiment fraternels. La Sociéte sensible a l'ex-pression de ces sentimens a demandé que le dis-cours soit deposé sur le bureau.

(30 mai 1791.)

Les hommes ne partirent pas sans être, à leur tour recommandés aux frères de Versailles et le sergent-major fut chargé de leur distribuer des diplômes.

Sur la lecture du proces verbal un membre a demandé qu'il soit delivré a nos freres du 54ᵐᵉ regiment, cy devant Royal Roussillon, plusieurs diplôme pour être remis au sergent major du detachement. Le meme membre a demandé en outre qu'il soit ecrit a nos freres de Versailles, pour leur annoncer les bons principes dans lesquels sont les sous-officiers et soldats dudit detachement. Ces deux demandes ont été appuyées et arrêtées.

(30 mai 1791.)

Durant son court séjour à Blois, le second détachement du *Royal-Roussillon* avait à peu près vécu en paix avec la Société populaire. Son chef pratiquait, sans doute, le « pas d'histoires » qui, dans les démocraties, forme le fond de la sagesse du commandement, et, peut-être, avait reçu des instructions en conséquence.

IV

Le *Régiment de Rouergue*. — Les « fiches » qui
le précèdent. — Les officiers dénoncés pour
leurs sentiments « antipatriotiques ». — Le
colonel de Toulougeon. — Les hommes suivent
en foule les séances de la Société. — Une dénonciation contre l'aumônier. — Le soldat Leriche.
— Le Colonel dénoncé.

Avec « le sieur Pontavis », malgré la violence
et la répétition des dénonciations qui avaient
poursuivi sa « conduite indécente », la Société des
Amis de la Constitution de Blois s'était simplement fait la main.

Elle possédait, maintenant, un entraînement
suffisant pour engager la lutte non plus avec un
simple chef de détachement, mais avec un colonel, voire avec un général, si celui-ci s'avisait de
vouloir couvrir son subordonné.

Il s'agissait d'achever de désorganiser le régiment de *Rouergue* et de montrer aux hommes
que leur colonel et que leurs officiers étaient bien
peu de chose vis à vis de la toute puissance d'une
société populaire.

La prédominance du pouvoir civil — et de la sainte canaille — serait du coup établie. Si le ministre de la guerre résistait et éprouvait le besoin de se faire tirer l'oreille : tant pis pour lui, Chabot, l'ex-capucin, Chabot, l'élu et le grand homme de la Société, serait là pour le dénoncer à la Législative et pour le faire marcher.

Le réseau de délations et de dénonciations qui recouvrait la France d'une gigantesque toile d'araignée, n'avait pas attendu l'arrivée à Blois du régiment de *Rouergue*, devenu le 58ᵉ d'infanterie, pour le recommander au mauvais accueil des citoyens composant la Société des Amis de la Constitution.

La ville de Quimper où le régiment de Rouergue avait tenu garnison possédait, elle aussi, ses Amis de la Constitution. Le départ du régiment pour Blois aussitôt décidé, ils rédigèrent cette « fiche » dont la lecture ouvrit les travaux du 6 mai 1791.

Le president a ouvert la séance par la lecture d'une adresse de nos freres de Quimper qui informent la Societé de la conduite indecente que les officiers du 58ᵉ regiment (1), ci-devant Rouer-

_____

(1) Formé en novembre 1667, avec, pour noyau, une compagnie appartenant au comte de Montpeyroux qui fut son premier colonel et dont il porta d'abord le nom, ce régiment avait pris, en 1671, celui de *Rouergue*.

Après avoir tenu garnison à Poitiers (avril 1788), à

gue, ont tenu a l'occasion de l'installation de leur nouvel Eveque. L'assemblée a arreté qu'il sera donné communication de cette lettre a la Municipalité.

Le grief était grave et était de ceux sur lesquels les sociétés populaires entendaient peu la plaisanterie. Aux drapeaux de la garde nationale près, l'attitude du 1er bataillon du régiment de *Rouergue* à Quimper avait été celle du *Royal-Roussillon* à Blois, lors de l'installation de Grégoire.

La Société s'empressa de faire part de cette dénonciation à la Municipalité, qui, le lendemain, demandait à ce que le texte exact lui en fût transmis.

Il a été fait lecture d'une lettre de la municipalité relative a la communication de la lettre des

---

Auray (juillet 1788) et à Quimper en avril 1789, le régiment de *Rouergue* vit son second bataillon « embarqué à Brest pour la garnison des vaisseaux. Le 1er quitta Quimper le 16 mai 1791 pour aller à Blois, où il fut rejoint le 18 août par le 2e bataillon ».

Le comte de Toulougeon commandait, depuis le 10 mars 1788, le régiment de Rouergue, où il eut pour successeur Jean-Alexandre Durand de la Roque, quand, malgré les dénonciations de la Société populaire de Blois, il fut promu maréchal de camp.

Cf : Général SUSANE : *Histoire de l'Infanterie française*, IV, pp : 267-275.

freres de Quimper ; sur le desir qu'ont temoigné MM. les officiers municipaux d'avoir une expédition de cette lettre, il a été arreté que MM. les secrétaires en feroient passer copie à la Municipalité.

(7 mai 1791.)

Si les officiers du régiment de *Rouergue* passaient pour des aristocrates que l'on ne saurait surveiller de trop près, les hommes, au contraire, s'étaient acquis à la Société de Quimper, la réputation de « bons patriotes ». Le représentant Dinochau et la Société de Brest les recommandaient à la sympathie des frères et amis de Blois.

Il a été fait lecture (d'une lettre) de M. Dinocheau qui previent la Societé que les soldats du regiment ci-devant Rouergue sont de bons patriotes, et il invite a les bien recevoir, il finit par exhorter la Societé a redoubler de surveillance ; cette lettre a été renvoyée au Comité de Correspondance pour y repondre.

On a fait ensuite lecture (d'une lettre) des Amis de la Constitution de Brest qui previent la Societé du patriotisme desdits soldats de Rouergue.

(16 mai 1791.)

Par contre, le jour même de l'arrivée du premier bataillon (1), ou le lendemain, une nouvelle dénonciation parvenait de Quimper contre les officiers :

On a lû plusieurs lettres de Quimper, qui viennent a l'appui d'une recue anterieurement qui dénoncent les officiers du régiment de Rouergue

---

(1) Par règlements du 1er janvier 1791, les régiments étaient conservés à 2 bataillons, composés chacun d'une compagnie de grenadiers et de huit compagnies de fusiliers.

Chaque compagnie était composée d'un sergent-major, de 2 sergents, d'un caporal fourrier, de 4 caporaux, de 4 appointés (soldats touchant une plus haute paye) de 40 grenadiers ou fusiliers et d'un tambour ; soit un total de 53 hommes commandés par un capitaine, un lieutenant et un sous-lieutenant.

L'état-major du régiment comprenait : un colonel, deux lieutenants-colonels, un quartier-maître trésorier, deux adjudants-majors, un aumônier, un chirurgien-major, deux adjudants, un tambour-major, un caporal-tambour, huit musiciens dont un chef, un maître tailleur, un maître armurier et un maître cordonnier.

Le major disparaissait ainsi que les porte-drapeaux ; un adjudant-major était créé par bataillon et dans chaque bataillon le drapeau devait être porté par un sergent-major du bataillon, au choix du colonel.

Sur le pied de paix, l'effectif du régiment devait ainsi atteindre le chiffre de 60 officiers et de 969 hommes, soit un total de 1029 officiers, sous-officiers et soldats, pouvant être porté à 1600 en augmentant légèrement le nombre des sous-officiers.

Cf : *Etat militaire de 1791.*

et préviennent les Amis de la Constitution de leurs sentiments antipatrotiques. (1).

(27 mai 1791.)

Ce corps d'officiers possédait, cependant, une

---

(1) Voici, d'après l'Etat militaire de 1791, la composition du corps d'officiers du 1er bataillon du régiment de Rouergue.

Colonel M. de Toulougeon, 13 août 80
Sec. Lieut-Col. M. de Vaudrecourt, ✻ 11 octobre 86
Qu. Me Trés. M. Cochois.
Adjudant-major, M. de Colambert.

Capitaines

Mrs	Mrs
de Fé, 20 septembre 61	d'Argoubet, 30 juin 86
Prudhomme, ✻ 9 juin 72	Lavergne, ✻ 8 octobre 80
Brunelières, 10 décembre 82.	de Guerchy, 1er juin 87
Forceville, ✻ 1er octobre 78.	Girard, 1er juillet 85
	de Zweissel, 18 juillet 87

Lieutenans

Mrs	Mrs
de S. Paul	de Nonancourt
d'Auteribe	de Leautaud
de S. Romain	de Foucault
de Bonaud	d'Argoubet
de Pagès	

Sous-lieutenans

Mrs	Mrs
Ravinel	de Varax
Dupin	Arbey ✻
de Rouyn	de Gissey
d'Aleyrac	de Broca
de Chaponay	

brebis. galeuse : l' « arriviste » dont le procès
verbal tait le nom, qui, le jour même où parvenait cette nouvelle dénonciation contre ses camarades, assistait à la séance des Amis de la Constitution et venait leur apporter cette preuve de son
« civisme » et de sa félonie.

Un officier de ce meme régiment a demandé
les honneurs de la séance ; son entrée a été annoncée par des applaudissemens.

Judas s'était contenté de trente deniers.

L'état-major du régiment de *Rouergue* ne semblait pas, cependant, mériter l'exécration que devait lui vouer la Société populaire de Blois.

Le colonel, M. Anne-Edme-Alexandre de Toulougeon (1), avait épousé, en 1778, à Paris, Edme-

---

(1) Anne-Edme-Alexandre, comte de Toulougeon, né
en 1741, mort en 1823, était fils de Jean-François-Joseph
de Toulougeon, maréchal de camp de cavalerie, cornette
des gendarmes de la garde et d'Anne-Prosper Cordier
de Launay.

D'abord chevalier de Malte de minorité et surnumé-
raire aux chevau-légers, le comte de Toulougeon, alors
capitaine de dragons, avait épousé, à Paris, dans la
chapelle des Menus, le 24 février 1778, Edme-Antoinette-
Marie Dufort, fille de J. N. Dufort, ancien introducteur
des ambassadeurs, lieutenant général du Blésois, et de
Mlle Emi. Legendre.

Aussi, à la nouvelle de la venue à Blois du régiment
de Rouergue, que commandait le comte de Toulougeon,
les châtelains de Cheverny se réjouirent-ils fort :

Antoinette-Marie Dufort, l'une des filles du lieutenant général du Blésois. Il était lui-même, pro-
priétaire de la terre du Breuil, près Cheverny :
ce n'était donc pas un inconnu dans le pays et,
sans doute, il était loin de prévoir les ennuis qu'allaient lui susciter les anciens administrés de son
beau-père.

A une époque où les froissements étaient fré-
quents entre l'autorité militaire et la population,
la situation personnelle du colonel de Toulougeon
eut dû, à maintes reprises, aider à les faire disparaître. Il n'en fut rien. Les alliances et les re-
lations du comte, loin de simplifier sa situation,
la compliquèrent plutôt.

« Ma fille s'était, l'année d'auparavant, établie chez
moi avec sa famille pendant plusieurs mois, et nous
espérions qu'elle se réunirait à nous, ayant appris que
le comte de Toulougeon, mon gendre, colonel du régiment de Rouergue, allait faire son séjour à Blois ».

Grâce aux dénonciations des troupiers, des *Amis de la
Constitution* et de Chabot, ce séjour devait être bref.
Nous verrons par le détail l'historique de la mutinerie
du 27 août 1791.

Nommé maréchal de camp, en dépit de la campagne
violente dont il avait été l'objet, M. de Toulougeon, « en
homme sage », comprenant les dangers qui le mena-
çaient, « aima mieux renoncer à tout et se retirer avec
sa femme dans sa terre de Dian, en Gâtinais », d'où ils
se réfugièrent au Hâvre où, à grand peine, ils purent se
faire oublier et échapper à la tourmente révolutionnaire.

Les deux frères du comte de Toulougeon avaient siégé

On n'avait pas trompé la religion du club en lui attestant le « patriotisme » des soldats du régiment.

Dès le 31 mai, ils s'y rendaient en foule, y recevaient l'accueil le plus chaleureux et l'un d'eux se faisait leur interprète pour répondre aux compliments de bienvenue du président.

M. le Président a prononcé un discours aux braves freres du 58ᵉ régiment, ci devant Rouergue, pour applaudir a leur civisme et les inviter a suivre les séances, ou leur presence fera toujours le plaisir le plus vrai...

Un frere du 58ᵉ a temoigné a la Societé des sentimens qui respirent le patriotisme le plus pur; il a protesté que tous ses camarades étaient dans les memes principes et qu'ils avoient juré de maintenir de tout leur pouvoir cette Constitution qui fait le bonheur de l'Empire. Ce discours a été

---

aux Etats généraux. L'aîné, Hippolyte-Jean-René, marquis de Toulougeon, né en 1739, maréchal de camp en 1781, après avoir émigré, entra au service de l'Autriche et y mourut lieutenant général.

Le plus jeune, François-Emmanuel, vicomte de Toulougeon, après avoir été d'abord destiné à l'état ecclésiastique, embrassa la carrière des armes, siégea en même temps que son frère à l'Assemblée nationale, où il figura parmi les modérés. Député au Corps législatif en 1802 et en 1809, le vicomte de Toulougeon qui, en 1797, avait été reçu membre de l'Académie des Sciences morales, a laissé un bagage littéraire assez important.

Cf : *Mémoires de Dufort de Cheverny*, I, pp: 411-412 ; II, pp : 110, 115, 127.

vivement applaudi et la Societé (a decidé) qu'il
seroit envoyé a Gorsas et que mention en seroit
faite au procès verbal.

Gorsas ne se fit pas prier et publia la copie in-
tégrale de ce discours dont voici le texte :

« MM., Il nous semble que le destin nous fa-
vorise, puisqu'il nous récompense de la privation
des citoyens de Quimper par le bonheur de retrouver ici également de vrais partisans de la
chose publique. Nous vous prions, MM., de compter sur notre fidélité et notre attachement aux
décrets constitutionnels acceptés par le roi ; flat-
tés du nom de militaires citoyens, nous brave-
rons la mort s'il est nécessaire, pour mériter celui
de soutiens du plus brillant empire de l'univers,
gouverné par un prince qui en est le régénéra-
teur, & qui a ce titre, joint avec bonté celui de
père des François. Qu'il est consolant pour nous
de suivre les étendards d'une nation si grande, si
généreuse, si digne de liberté, & sous les ordres
d'un prince qui ne connoît de bonheur que celui
de la nation.

« Connaissons-la donc, cette liberté, soldats mes
camarades, & n'en mésusons pas ; soutenons la
& ne l'avilissons pas ; obéissons à nos chefs, comme eux mêmes doivent obéir au chef suprême de
l'armée.

« Les amis de la constitution sont aussi les amis
du Roi, puisque lui-même a consolidé l'édifice si
cher à tous les bons françois, & si digne de nos
vœux.

« Pour nous, MM., nous conservons dans nos
cœurs le sentiment noble de verser jusqu'à la

derniere goutte de notre sang pour le soutien (ét) la défense de cet incomparable chef-d'œuvre. Le serment sera inviolable, ou périssent mille fois les parjures. » (1)

Des mots !... Les soldats de *Rouergue* dénonceront avant peu ces officiers auxquels ils devaient obéissance et se révolteront contre eux ; les Amis de la Constitution, ces « amis du Roi », avant qu'un mois ne soit écoulé, écriront à ce même Gorsas qu'ils avaient « déjà oublié qu'il y eut un Louis faux en France » (2), en attendant que leurs successeurs de la Société populaire, ne le traitent avec non moins d'esprit de « Louis le raccourci ».

Le peuple a toujours été spirituel et pitoyable aux vaincus.

Après que de nouveaux adhérents du 58ᵉ eurent « demande a preter le serment, il a été reçu au milieu des applaudissements », pour finir, la Société recourut à la petite plaisanterie qu'elle renouvelait, sans grand succès, toutes les fois qu'elle en avait occasion. Des commissaires furent officiellement désignés pour inviter les officiers à assister aux séances.

---

(1) *Courrier des 83 départements*, 6 juin 1791.
(2) *Courrier des 83 départements*, 28 juin 1791.

Mr le President a nommé quatre commissaires chargés d'inviter a assister aux séances MM. les officiers, sous-officiers et soldats des troupes de ligne actuellement en garnison dans cette ville.

Les uns et les autres remercièrent :

Un des commissaires chargés de l'invitation aux corps militaires a rendu compte de sa mission. Il resulte que les officiers, sous-officiers et soldats des deux troupes profiteront de l'invitation qui leur a été faite et assisteront aux séances de la Société.

Le 29 juin, il devait être demandé aux officiers de *Rouergue* non plus d'assister aux séances, mais de donner « des preuves de leur patriotisme ».

La Société n'osa délibérer.

A défaut des officiers, les sous-officiers et les soldats, à qui le ministre Duportail (1) avait ren-

(1) Louis Lebègue Duportail, né à Pithiviers le 14 mai 1743, appelé au ministère de la guerre, le 16 novembre 1790, après la retraite du comte de la Tour du Pin-Gouvernet, appartenait au corps du génie et avait pris part avec La Fayette, à la guerre d'Amérique.

Revenu en France avec le grade de brigadier des armées du roi, après un court séjour à la cour de Naples, où il obtint le grade de maréchal de camp, il dut à la protection de La Fayette d'être appelé au ministère de la guerre, où, malheureusement, il signala son passage en « permettant aux soldats de fréquenter les clubs et

du un joli service en les autorisant à assister aux réunions des sociétés populaires, n'en manquaient pas une et, à tout propos protestaient de leur attachement pour la Constitution.

Un de nos frères de Rouergue a protesté de nouveau avec le feu du vrai patriotisme du devouement pour la Constitution et du respect pour l'Assemblée Nationale que, jusqu'à ce jour, la totalité des bas officiers (1) et soldats ont manifesté. Une 2ᵐᵒ lecture en a été ordonnée et tres applaudi. Arretté que le discours seroit communiqué a la Municipalité.

(27 juin 1791.)

Cette déclaration devait avoir, le 28 juin, les honneurs du bis, ce pendant que, pour bien donner aux hommes le respect de leurs chefs, il leur était fait lecture d'une lettre ouverte « a un mare-

d'échanger l'habitude de la subordination, contre l'esprit de révolte et de sédition ». (Beaulieu).

Sa disgrâce suivit de près celle de son protecteur. En proie aux attaques réitérées de l'Assemblée législative, il démissionna, le 3 décembre 1791, et, le 6 décembre, le comte Louis de Narbonne-Lara recueillit cette succession difficile.

(1) Le règlement du 1er janvier 1791 avait supprimé la dénomination de bas-officier, pour lui substituer celle de sous-officier. Elle a subsisté à Saint-Cyr, où les « bas-off » sont un souvenir de l'ancienne armée.

chal de cam », dont ils s'empressèrent de demander une seconde lecture. (25 juin 1791.)

Les troupiers continuaient à affluer et venaient
prêter à la Société un serment toujours applaudi
(2 juillet). Le moment vint même où l'on se demanda si l'on n'allait pas leur accorder le droit de
prendre part aux délibérations.

On a fait la motion de rendre les militaires délibérants. La discussion a été engagée.
Un autre (membre) a dit qu'il croyoit qu'il y
avoit un decret contraire, mais il s'est engagé à
s'en assurer pour la prochaine séance, et après
bien des debats la discussion a été ajournée à
deux autres séances.
Un membre a fait un amendement en propo-
sant un scrutin chez eux.

(8 août 1791.)

Le projet fut abandonné :

La discussion sur la question de rendre les militaires délibérants dans cette société a été engagée, mais la motion a été retirée de suite.

(10 août 1791.)

Par contre un soldat de *Rouergue*, le sieur Leriche, ne devait pas tarder à être nommé secrétaire. Les dénonciations les plus violentes et les
plus haineuses contre les officiers du régiment
sont paraphées de sa signature prétentieuse de

scribe. Il dut passer de bien bons moments à re-
copier ces procès-verbaux où venaient se soulager
tant de rancunes. Le drôle avait l'écriture facile
et savait presque l'orthographe. Il devait être em-
busqué au corps, dans le bureau d'un comptable.

En même temps que les hommes, les dénonciations affluaient en effet, et, de l'aumônier au
colonel, n'épargnaient personne.

L'officier qui, le 27 mai, quelques jours auparavant, avait sollicité les honneurs de la séance,
assistait encore à celle-ci. Il eut, il le faut reconnaître, le courage de prendre la défense de l'aumônier. On ne lui en sut aucun gré et il ne revint
pas. Il eut été préférable qu'il ne fût jamais
venu.

Un membre a instruit l'assemblée que l'aumonier du regiment ne s'etoit point conformé a l'or-
donnance de M. l'Eveque du departement sur le
chant de Domine salvum fac *gentem, legem, re-*
gém, et qu'il s'etoit contenté de prononcer le mot
regem ; il a encore denoncé cet aumonier comme
n'ayant pu remplir le vœu de la loi relative au
serment. (1)
Un officier du regiment a pris la parole et a
assuré l'assemblée que c'etoit par ignorance si

---

(1) Le serment civique prêté par Bureaux de Pusy, le
4 févier 1790 à l'Assemblée nationale :

« Je jure d'être fidèle à la nation, au roi, à la loi et
de maintenir de tout mon pouvoir la constitution décrétée par l'Assemblée nationale et acceptée par le roi. »

leur aumonier ne s'etoit pas conformé a l'ordon-
nance de M. l'Eveque, que surement en etant instruit il ne manqueroit pas de le faire a l'avenir.
Que quand au serment, il attendoit une reponse
du Ministre pour savoir s'il etoit dans le cas de le
preter. On est passé a l'ordre du jour.

(3 juin 1791.)

La Société ne devait pas perdre de vue cette
question du serment de l'aumônier. Six semaines
plus tard, le sieur Trinité (1), un nom prédes-
tiné, devait la soulever à nouveau et les Amis de
la Constitution soumirent le cas à la Municipalité,
qui s'en tira avec esprit en déclarant que tout ce
qui concernait le militaire n'était point de sa
compétence.

M. Trinité a fait une motion relative au serment de l'aumonier du 58e regiment. Il a été arrêtté qu'on enverroit à la Municipalité séance tenante une députation à ce sujet.
M. Belmon et M. Leprieur, de St Léonard, commissaires nommés ont rendu compte de leur mission et ont répondu que la Municipalité avoit déclaré que tout ce qui concernoit le militaire n'etant
point de sa compétence, il falloit ecrire au Ministre de la Guerre pour en avoir justice.

(15 juillet 1791.)

---

(1) Le Sr Trinité, prêtre. Guimberteau devait nommer
officier municipal, le 9 brumaire an II, un Sr Trinité-
Benoît, huissier.

Les Amis de la Constitution avaient une préten-
tion contraire. Ils détestaient assez l'armée pour
vouloir la régir et surveiller les moindres détails
de son fonctionnement. Une punition ne pouvait
pas être portée sans passer par leur crible. Ils
tenaient bureau ouvert de réclamations. Pour eux,
les officiers représentaient le despotisme et l'injustice et il n'était « motif » de punition qui ne
put être soumis à l'Assemblée nationale, au ministre de la guerre et à « nos frères séants aux Jacobins ».

Si les officiers avaient encore le droit de punir,
il leur était déjà singulièrement contesté.

Trois séances furent en partie consacrées à une
punition sur la nature et sur l'objet de laquelle
les procès-verbaux de la Société ont gardé un
sage mutisme.

Un membre a exposé a la Société un acte de
despotisme et d'injustice envers un de nos freres
du 58ᵉ regiment par l'etat major dudit regiment ;
cet exposé appuyé du certificat d'un grand nombre des camarades dudit soldat et d'un diplôme
des Amis de la Constitution a vivement interessé
la totalité de la Société. Plusieurs membres ega-
lement affectés et pénétrés de cette aflaire, ont
developpés ces principes qui ont été sentis et ap-
prouvés. Il est resulté de differentes conclusions
d'accord sur le fond qu'il seroit ecrit, par le Comité de correspondance, au Comité militaire de
l'Assemblée nationale, au Ministre de la Guerre
et a nos freres seants aux Jacobins, pour obtenir

justice et arrêter des actes arbitraires qui répu-
gnent a la justice, par conséquent a la liberté.

Il a été arrêté en outre que la Municipalité seroit priée de vouloir bien donner des ordres pour
que le soldat victime de son patriotisme ait entrée
à l'Hopital jusqu'a nouvel ordre. (1)

(5 juin 1791.)

Un homme puni transféré par l'ordre de la
Municipalité et sur l'injonction de la Société populaire, des locaux disciplinaires, où il était sans
doute détenu, à l'hôpital ! C'est à se demander si
l'on ne rêve pas et si ces gens-là ne relevaient pas
davantage de la douche que de l'Assemblée nationale ?

La confusion des pouvoirs était telle, cependant, que personne ne se rendit compte, au club,
du côté grotesque de cette délibération que con-
firma la séance du lendemain.

L'ordre du jour ramenant l'affaire relative à un
de nos freres du 58e Regiment, un des membres
du Comité de Correspondance a monté à la tribune. Quelques mots echappés ont bientôt laissé en-

_____

(1) Sans que le motif de la punition soit donné, cette
phrase constitue presque un aveu. C'était déjà, sans
doute, une affaire de délation à laquelle les procès-verbaux de la Société n'avaient point fait allusion. L'on
s'occupait beaucoup de politique dans les chambrées du
58e.

trevoir que le Comité au lieu de se renfermer simplement dans l'arrêté de la veille, alloit entamer
un rapport et une nouvelle discussion. La Société
sur quelques observations a confirmé et persisté
dans son precedent arrêté, et le Comité a été invité
à presenter un projet de lettre au Comité militaire de l'Assemblée nationale, au Ministre de la
Guerre et a nos freres seants aux Jacobins de
Paris. Il a été sur l'urgence du cas demandé une
séance extraordinaire pour demain.

(7 juin 1791.)

La séance extraordinaire demandée fut consa-
crée au prisonnier anonyme. Une innovation qui,
depuis, a fait son chemin, la signala. Les Amis
de la Constitution de Blois inventèrent, ce soir-là,
le sou du soldat. Trente sols par jour ! c'était à
se faire coffrer pour toucher cette haute paye et
la désorganisation était déjà telle qu'un prisonnier pouvait être l'objet de cette faveur et amélio-
rer, grâce à des secours venus du dehors, l'ordinaire de la prison !

Un membre a fait au nom du Comité de Correspondance lecture d'une lettre au Comité militaire de l'Assemblée nationale pour obtenir justice
en faveur d'un de nos freres du 58° Regiment. A
la suite de cette lettre qui a été très applaudie, un
autre membre a demandé que la Societé voulut
bien venir au secours de cette victime du despotisme ; le Comité d'Économie a été autorisé a don-

7

ner 30 sols par jour au soldat opprimé jusqu'a ce
qui ait été autrement ordonné.

(7 juin 1791.)

Il ne faudrait peut-être pas ,pousser les choses
trop au noir et généraliser l'exemple donné par
quelques mauvais soldats. Le 1er bataillon du régiment de *Rouergue* qui, lors de la sédition en-
couragée, sinon provoquée, par la Société populaire, devait rester fidèle à son colonel et à ses
officiers, pouvait valoir beaucoup mieux que ne
le porterait à croire ce registre des procès-verbaux.

Une vingtaine ou une trentaine de têtes bru-
lées suivant assidûment les réunions des Amis de
la Constitution ,y pérorant et y braillant, ne constituent pas un bataillon. A la lecture, elles·don-
nent l'illusion du nombre, alors qu'elles ne sont
sans doute, qu'une minorité.

A côté des meneurs, il y a les indifférents, les
passifs et les doux qui n'osent ouvertement résister à un mouvement dont l'intérêt et dont le sens
leur échappent, majs qui sont encore assez disci-
plinés pour en comprendre le danger. Ils sont
légion et pour les ramener tout à fait, ceux-là, il
suffit des bonnes paroles d'un chef, de l'action
énergique d'un sous-officier.

Dans cet « écrit incendiaire·» qu'aurait répandu

l'un d'entre eux, faut-il voir autre chose que la protestation très brave d'un soldat contre les mœurs déplorables que les politiciens de bas-étage qui entouraient et acclamaient Chabot, tendaient à introduire dans l'armée ?   '

L'un des membres a ensuite denoncé au nom de nos freres du 58ᵉ Regiment un de leurs camarades comme ayant repandu un ecrit incendiaire: deux commissaires nommées par le president ont été faire part a la Municipalité de laditte denonciation (1).

(24 juin 1791.)

Les dénonciations redoublent. Les frères de Nantes et de Quimper partagent avec ceux de Blois la déplorable habitude de s'occuper de ce qui se passe au régiment de *Rouergue*. Leur sympathie est naturellement acquise à ceux que leur mauvaise conduite a fait renvoyer.

Puis, viennent les recommandations. La Société populaire est l'électeur influent qui en joue et qui en connait la gamme. On ne fait jamais vainement appel à son concours. Recommander comme dénoncer, c'est prouver qu'elle existe. Ces illettrés ont la manie d'écrire. Ecrire, c'est presque parler : ils ont l'illusion de penser.

---

(1) La même question se pose toujours : en quoi cela intéresserait-il la Municipalité ?

Lecture a été faite d'une lettre de nos freres de Nantes, une autre de la municipalité de Quimper, ces lettres ont prouvé a l'assemblée combien le renvoi de plusieurs soldats du régiment 58ᵉ avoit été injuste.

Un frere du 58ᵉ Regiment a demandé que la Société voulut bien sur la vue des differentes pièces qui prouvent sa bonne conduite lui donner une lettre de recommandation pour le Comité militaire près de l'Assemblée nationale, et pour nos freres les Amis de la Constitution séants aux Jacobins de Paris. Son Comité de correspondance a été chargé de la redaction de ces lettres.

Un de nos freres du 58ᵉ Regiment a demandé a la Societé qu'elle voulut bien apposer son cachet sur les congés de se camarades, ce qui a été exécuté.

(17 juin 1791.)

Le certificat de mauvaise conduite.

Autre dénonciation, celle-ci plus sérieuse, mais qui aurait gagné à être adressée par la voie hiérarchique à l'officier d'armement :

Un membre au nom des soldats de ligne s'est plaint de ce qu'ils n'avoient ni poudre ni pierre a fusil, ce qui paroissoit d'autant plus surprenant qu'ils n'en manquoient point sous l'ancien regime (1), il a demandé qu'il fut fait une pétition aux corps administratifs pour leur en procurer, ce qui a généralement été adopté.

(26 juin 1791.)

---

(1) « L'ancien régime... » C'est la première fois que l'expression apparaît dans ces procès-verbaux.

En quoi cela regardait-il les Amis de la Constitution et les corps administratifs ? C'est comme si l'on eut rendu compte au colonel que la salle de réunion de la Société sentait mauvais ou que les encriers y manquaient d'encre.

Et les bêtises recommencent. Un frère de *Rouergue* se plaint de la tyrannie de ses officiers.

Il a été fait ensuite lecture d'une lettre d'un de nos freres de Rouergue a Nancy (1), qui se plaint de la tirannie de deux de ses officiers. La Société a renvoyé la lettre a la Correspondance pour lui repondre d'accord avec nos freres de Rouergue en garnison ici.

(4 juillet 1791.)

La Société répondra et fera contresigner sa lettre par des sous-officiers de *Rouergue*. Si elle feint d'ignorer les officiers, elle est fière de l'appui des sous-officiers, quand elle le peut obtenir.

Le Comité de correspondance a fait lecture..... ainsi que d'une autre (lettre) à un frere du 58ᵉ Regiment à Nancy, arrêté que les sous officiers

(1) Ce passage semblerait indiquer que le régiment de *Rouergue* avait déjà, en juillet 1791, un détachement à Nancy. Aucun document ne signale cependant, à la Bibliothèque de Nancy, l'arrivée du 58ᵉ avant septembre.

dudit régiment seroient priés de signer la lettre
en reponse.

(5 juillet 1791.)

D'ailleurs, le sieur Leriche, dont il a été parlé,
fait offre de ses services, qui sont acceptés, au Comité de correspondance (4 juillet 1791), la fait
suivre d'une dénonciation contre un certain nombre de ses camarades et met ses talents à la dis-
position de la Société pour dresser un de ces
« états » qui, au quartier, font l'ornement du bureau du « chef ».

Un de nos freres du regiment de Rouergue (M.
Leriche) s'est plaint de ce que quelques uns de
ses camarades ne portoient les rubans de notre
Societé qu'en des circonstances rares et presque
forcées et a conclû par demander qu'au nom de
la Societé les compagnies fussent priées de depo-
ser sur le bureau (1) les noms de tous ceux qui
ayant participé a nos délibérations ont été décorés de ce ruban qui nous fait tant d'honneur,
qu'il en soit fait un tableau exact, avec une co-
lonne d'observations, tableau qu'il a fait l'engagement de faire, pour à la suite y apostiller tous
ceux qui seroient assez foibles pour se preter pour
de vaines considerations aux demarches de no-

---

(1) Ce Leriche avait évidemment l'habitude de copier
le rapport. C'est là une formule qui revient tous les
jours sur la décision.

tre cause commune (?) et cette motion a eu l'assentiment general et a donné lieu à des applaudissemens réitérés, et il a été arretté que le tableau en seroit fait.

(6 juillet 1791.)

Il y avait progrès, maintenant, on dénonçait même ses camarades. Cette délation de Leriche n'est cependant pas sans intérêt. Le bataillon valait décidément mieux que ses apparences : un certain nombre d'hommes, s'ils n'avaient osé refuser le ruban de la Société, n'osaient davantage le porter.

La réintégration au corps d'un sieur Petrezan donnait le surlendemain, lieu aux « plus vifs débats ». Il fallait que l'individu auquel s'intéressait le club valût bien peu cher pour que les sous-officiers qui, mieux que personne le connaissaient et étaient aptes à le juger, se montrassent aussi hostiles à son retour.

L'ordre du jour a ramené à demander aux sous-officiers de Rouergue la cause du refus qu'ils faisoient de signer l'approbation du retour du Sr Petrezan au regiment, ce qui a excité les plus vifs débats et a été ajourné à Dimanche.

(8 juillet 1791.)

Le 10 juillet 1791 — Leriche ne restait pas

inactif — une dénonciation contre le colonel de
lougeon était déposée sur le bureau de la Société :

Il a été fait une dénonciation contre le colonel
du 58ᵉ Regiment. — Renvoyé au Comité d'Instruction.

Il était étonnant qu'elle ne se fût point produite
plus tôt.

V

**Le serment. — Déclaration loyale dont les offi-
ciers du 1ᵉʳ bataillon de *Rouergue* en avaient
fait précéder la formule. — Une dénonciation
à l'Assemblée nationale qui en fait peu de cas.
— Arrivée du second bataillon. — Nouvelles
dénonciations. — De jolis drôles : le caporal
Orosmane. — Ils sont jetés en prison.**

Ce n'avait été jusque là que des hors-d'œuvre.
L'appétit de la bête populaire avait besoin d'un
plat plus sérieux. Le corps d'officiers du régiment
de *Rouergue* devait le composer. Il s'agissait d'obtenir la mise à pied, non seulement du colonel,
mais de tous les officiers du premier bataillon,
en attendant que les dénonciations d'Orosmane
et de ses camarades permissent de poursuivre
celle des officiers du second bataillon.

Pour les uns, comme pour les autres, la question du serment fut la cause de cette levée de
« casseroles ».

Les officiers, il est vrai, ne s'affolèrent point
et le ministre de la guerre sembla ne pas s'émouvoir davantage.

Le 11 juillet 1791, le premier escadron du régiment de *Royal-Cravates* avait prêté, à Blois, sur la promenade du Mail (51), devant la Municipalité convoquée à cet effet, le serment exigé par le décret rendu, le 22 juin 1791, par l'Assemblée nationale, au lendemain de la fuite de Varennes.

« Nous jurons d'employer nos armes à la défense de la patrie et à maintenir contre les ennemis du dedans et du dehors, la Constitution votée par l'Assemblée nationale, de mourir plutôt que de souffrir l'invasion du territoire, et de n'obéir qu'aux ordres conformes aux décrets de l'Assemblée nationale. »

Après le *Royal-Cravates* vint, sur la place du Château, où il était caserné (52), le tour du régiment de *Rouergue*.

(1) Promenade ombragée de platanes longeant la Loire à Blois. Cette promenade part de la mairie pour aboutir à la route de Paris. Les revues continuent à y être passées et la musique militaire y joue le dimanche.

(2) Le 3 janvier 1788, M. Dumas, major général de l'armée, avait exposé au Conseil de ville, que le roi aurait l'intention de caserner à demeure à Blois un régiment d'infanterie, si la ville trouvait un emplacement convenable, et qu'il lui semblait que le château royal conviendrait à cet établissement, si l'on y faisait quelques dépenses nécessaires et que la ville prit à sa charge l'entretien annuel.

(Délibération du 3 janvier 1788.)

MM. Bergevin et Dupré, dans leur *Histoire de Blois*, font remonter à 1784 l'installation du *Royal-Comtois*

Avant de procéder à cette formalité, les officiers s'étaient concertés entre eux et, ne pouvant
oublier le serment de fidélité qui les liait au roi,
tout en se pliant à la volonté de l'Assemblée
nationale, ils rédigèrent et signèrent cette déclaration dont ils firent précéder la formule du serment :

« Le décret du 22 juin ne pouvant avoir pour
but de changer la constitution qui assure à la
France un gouvernement monarchique, nous, officiers soussignés, regardant, ainsi que les légis-
lateurs, ces principes comme indispensables au
bonheur de la nation et ne croyant pas qu'on ait
voulu en détruire les effets par une nouvelle ré-
daction du serment ,nous en prononçons exactement la formule. » (1)

---

dans les bâtiments du château, et, à leur habitude, ne
s'appuient sur aucune référence.

En 1784, le Royal-Comtois était loin de Blois : le 2ᵒ
bataillon, qui revenait de la Martinique, ralliait le 1ᵉʳ
à Givet.

(1) Tous les officiers présents au corps avaient signé
cette déclaration, à savoir : MM. de Chaponay, d'Aley-
rac, de Rouyn, Dupin, Arbey, sous-lieutenants ; de No-
nancourt, de Champeaux, de Bonaud, de St-Paul, d'Argoubet, d'Argoubet, (Thierry), lieutenants ; (Brancheré),
Girard, capitaines ; le Colambert, Cochois, (Dupin);
(Durand), de l'état-major ; de Toulougeon, colonel.

Les noms entre parenthèses ne figurent pas sur l'Etat
militaire de 1791.

Les temps troublés que traversait la France
offrent l'exemple d'assez de lâchetés, de vilenies
et de veuleries, pour que l'on puisse admirer sans
réserve cet acte de courage. Tous les officiers
présents au corps, sans exception, avaient signé
cette déclaration. La défaillance passagère de l'un
d'eux était rachetée, à moins que ce ne fût le
dernier des misérables.

La Société des Amis de la Constitution ne pouvait goûter la beauté de ce geste, dont l'élégance
lui échappait. Aussitôt qu'ils connurent la déclaration dont les officiers de *Rouergue* avaient fait
précédé leur serment, ils se réunirent en séance
extraordinaire pour stigmatiser leur conduite et
poussèrent de hauts cris.

Le Capitole était menacé.

Le but de cette séance étoit de délibérer sur la
conduite à tenir envers les officiers et freres d'armes des troupes de ligne, tant à cause du serment avec restriction porté par les officiers seulement du 58e régiment, que sur la maniere ensuite
d'engager nos braves freres des troupes de ligne
et particulierement ceux du 58e regiment dont la
conduite antérieure et présente manifeste entiere-
ment leur voeu contraire au serment preté à leur
insçu par leurs officiers.

Il a donc été arretté relativement au serment
qu'il seroit donné connaissance à l'Assemblée Nationale du serment contraire à ses decrets qu'ont
pretés MM. les officiers seulement du 58e regi-

ment. Les divers points à traiter dans cette adresse ont été ajournés.

Quant à l'invitation à faire à nos braves freres dés troupes de ligne, il a été arretté que MM. de la Garde Nationale seroit priés d'engager MMrs les officiers, sous-officiers et soldats du 10ᵉ regiment de cavalerie (1), MMrs les officiers, sous-officiers et cavaliers de la Gendarmerie Nationale, MM. les sous officiers et soldats seulement du 58ᵉ regiment, tous à venir sans armes (2) se mêler dans nos rangs pour nous accompagner à la pres-tation du serment decreté par l'Assemblée Nationale le 22 juin, que la Garde Nationale se dispose de preter le 14 juillet present mois. Cette petition a été remise à M. Liger (3) pour la communiquer à l'etat major.

L'Assemblée nationale ne semble pas avoir attaché une importance extrême à la dénonciation de la Société de Blois. Quant aux officiers de *Rouergue*, ils durent s'estimer heureux de n'avoir

---

(1) Le *Royal-Cravales*.

(2) La tenue des « bleus », quand on les mène, dans leur premier mois de présence au corps assister à une parade d'exécution.

(3) Un Liger, « très républicain, mais honnête homme » (Dufort de Cheverny), devint, en 1798, secrétaire du Département et commandant de la Garde nationale. Il avait été chef de bataillon à la 68ᵉ demi-brigade et avait publié un résumé de l'histoire des *Campagnes des Français pendant la Révolution*. (Blois, J.-F. Billault, an VI, 2 in-8.)

pas à assister à la prestation du serment de la
Garde nationale. C'était là une de ces corvées
dont on se dispense volontiers et auxquelles une
députation suffit à représenter le corps, lorsqu'il
est invité.

La fête de la Fédération devait être, naturellement, matière à libations et à discours. Un soldat
du régiment, le sieur Luga, sut hausser son éloquence à la hauteur des circonstances. Le lendemain, le président lui adressait, pour le féliciter,
une allocution à laquelle il répondait par de nouvelles congratulations.

Mr le Président a adressé un discours à Mr
Luga, soldat du 58e regiment, pour lui témoigner
la satisfaction qu'avoit operé dans les cœurs le
discours qu'il a prononcé à la Fédération. Le Sr
Luga y a répondu et donné des nouvelles preuves de son talent et de ses vertus patriotiques et
son discours a été remis sur le bureau.

(15 juillet 1791.)

Les chansons par lesquelles tout avait, jadis,
la réputation de se terminer, en France, avaient
sur cette rhétorique la supériorité d'être plus
amusantes et celles du jour étaient par trop gros-
sières.

En cela, comme en tout, la Révolution man-

quait de mesure.   Quand elle ne sombrait pas
dans l'emphase, elle tombait dans l'ordure. L'esprit semblait avoit émigré avec Champcenetz et
Rivarol aux *Actes des Apôtres*. On ignorait la
phrase simple qui touche, comme on avait oublié
le mot ou l'épigramme qui égratignent. On ne
savait qu'assommer.

La Société des Amis de la Constitution était,
pourtant, demeurée bouche bée devant ces flots
d'éloquence. Il fut décidé que la copie du discours
du soldat Luga serait envoyée à Nancy pour être
communiquée à ses frères d'armes et à son vieux
père. Une certaine dose de naïveté ne dépare pas
la sottise.

Un membre a fait la motion d'envoyer aux freres de Nancy le discours du Sr Luga, soldat du
58ᵉ regiment, leur compatriote, persuadé qu'ils
partageront avec nous les sentimens d'estime qu'il
nous a inspiré et de les inviter d'en faire part au
pere du Sr Luga.

(25 juillet 1791.)

Cependant, tandis qu'à Blois la crise arrivait
à l'état aigu entre la Société des Amis de la
Constitution, et les officiers de *Rouergue*, le se-

cond bataillon (57), après avoir été embarqué à Brest et s'être, au retour, arrêté à Nantes et à Josselin, gagnait Blois pour y rejoindre le premier bataillon.

Le 19 août, le club recevait deux lettres lui·signalant le « patriotisme » de ce bataillon.

---

(1) L'état-major du second bataillon de *Rouergue* comprenait :

Sec. Lieut-Colonel, M. (en blanc)
Adjudant-major, M. de Bonnegens

Capitaines

Mrs	Mrs
Le Grand ✻ 14 septembre 70	de Cours, 1er juin 87
Clamouze, 7 juillet 84	Lantage, 10 décembre 82
Bonnevin, ✻ 10 mai 80	d'Arblade, 8 mars 88
Constant, 30 juin 86	Girard, 27 novembre 82
Lafortelle, ✻ 21 mai 81	

Lieutenans

Mrs	Mrs
Grangeret ✻	
de Champeaux ✻	de Thumery
de Plasses	de Beron
d'Ozonville ✻	Fraugnet ✻
Desperrusseaux	

Sous-Lieutenans

Mrs	Mrs
de Latour	de Rostaing
de Vaudes	Rouchon ✻
de Rochellave	de Marquet
de Rostaing	Jouette ✻
de Vabre	

Il a été fait lecture de deux lettres, l'une de Nantes, l'autre de Josselin, en Bretagne, qui nous informent du patriotisme du second bataillon du 58ᵉ regiment. Ils nous engagent à écrire de meme a toutes les Societés des villes ou ils passeront. Il a été arretté que le Comité de Correspondance seroit chargé de ces lettres.

N'ayant pas oublié les termes du serment, un sieur Epernais, soldat au 58ᵉ, profitait de sa mémoire pour faire, le 8 septembre, une déclaration applaudie. Cet Epernais manquait d'imprévu, son nom eut permis d'espérer quelque chose de plus pétillant et de plus mousseux. Ce n'était pas même du Vouvray.

Le sieurs Epernais soldats du 58ᵐᵉ a prononcé un discours dans lequel il témoigne les plus sinceres sentiments de reconnoissance pour les marque de bienveillance qu'ils ont reçu de la part de la Societé et à fait au noms de ces camarades les plus grande protestation de patriotisme et a juré de plutot mourir que de laisser les ennemis de l'etat pénétrer sur notre territoire. La Societé a vivement applaudy aux civisme de se brave frere d'arme et a arreté que mention honorable en seroit faitte en son proces verbal.

Quinze jours plus tôt, une importante dénonciation avait fait connaître à la Société qu'elle n'avait pas à attendre de déclarations semblables de la part des officiers du second bataillon de *Rouergue.*

8

Si à Blois, leurs camarades du premier bataillon avaient fait précéder la formule du serment
de la déclaration que l'on sait, les officiers du second bataillon se seraient, à Belle-Isle, purement
et simplement refusés à prononcer le serment exigé par le décret du 22 juin 1791.

Deux soldats ont obtenu la paroles et ont fait
à la Societé le detail de ce qui s'etait passéz à
Belliles relativement au refus de prestation de
serment de leurs officiers, leurs discours ayant
fait la plus vive sansation à tous les assistants, la
Societé a areté qu'il serait fait manssion honorable dans le proces verbal du civisme qui anime
ces braves freres d'armes. Monsieur le President
y a repondu d'une manier à faire conaitre à ces
braves militaires que la Societé les voyait avec
plaisir. (Vivement applaudi.)
Un membre obtient la parols pour engager le
second bataillon à ne point poursuivre le ren-
voye des six officiers dudit bataillon.
Mais un autre de nos freres demanda qu'il fut
fait une adresse à l'Assemblée nationale tandant
à faire ramplacer les six officiers refractaires, il
a été areté que ladite petition serait lue demain,
en séance extraordinaire, et envoyez de suite à
l'Assemblée par le canal de nos deputé.
Un membre dona avis que la Municipalité avait
reçue une lettre du Ministre relativement aux ser-
ments des officiers du premier bataillon du 58°
regiment. La Societé a deputé par l'organe du
président, Messieurs Langlais et Amaury pour la
prier (la Municipalité) d'en donner connaissance
à la Societé, laquelle (Municipalité) a répondu

que le Ministre avait accepté purement et simplement le proces verbal de leur serment.

(24 août 1791.)

Ce procès-verbal est de l'écriture de Chevalier-
Lerond (58), cet imbécile alarmant, dont on recon-
naît sans peine l'orthographe et Leriche le con-
tresigna comme secrétaire. Les suivants sont
entièrement de sa main. Il ne pouvait laisser à
d'autres le soin de transcrire les dénonciations
dont ses chefs étaient l'objet.

Bien que l'acceptation par le Ministre de la
Guerre du serment des officiers du premier bataillon fût peu encourageante, la Société ne se rebu-
ta point et décida aussitôt l'envoi à l'Assemblée nationale d'une adresse tendant au rempla-
cement des officiers du second bataillon.

Connaissance était donnée, le lendemain, de
cette adresse au club, après qu'un troisième troupier répondant au nom assez inattendu d'Oros-

---

(1) Ce Chevalier-Lerond avait été coiffeur et, comme
tel, avait coiffé pendant dix ans Madame Dufort de
Cheverny. S'il avait peu d'orthographe, il « ne manquait pas de talent et avait l'éloquence de son état. »
Quand il fut, plus tard, pourvu d'une place au Département, on trouva, un matin, cette affiche manuscrite
collée à la porte : « Chevalier-Lerond, jadis coiffeur de
femmes, rase ici proprement ».
(DUFORT de CHEVERNY).
Son talent était surtout, en effet, de raser.

mane eut renouvelé, sans y ajouter le moindre fait nouveau, la dénonciation de la veille.

Un frere d'armes Orosmane (1), du 2ᵉ bataillon du 58ᵉ régiment après avoir obtenu la parole fit une dénonciation contre six officiers du régiment comme refractaires au serment exigé d'eux par la loi et comme leur ayant voulu inculquer des principes contraires aux decrets de l'Assemblée Nationale .
Un membre est monté à la tribune et après un discours très eloquent et très energique, il a dirigé la marche que devoit tenir le 58ᵉ regiment en faisant part de la petition qu'il a fait à l'Assemblée Nationale tendante à solliciter sa justice sur les troubles qu'ont occasionnés les officiers refractaires aux lois .(Vivement applaudi.)

(25 août 1791.)

Le triomphe des trois félons devait être bref.
Le lendemain même, soit que, le vin aidant, on ait eu la langue un peu longue, au sortir du club, soit qu'il y ait eu un faux frère qui ne dédaignât pas d'y faire l'utile métier de mouchard, le colonel de Toulougeon, instruit des dénonciations dont ses officiers avaient été l'objet de la part de soldats du régiment, faisait mettre en prison les trois coupables.

---

(1) Cet Orosmane était caporal et avait vingt et un ans de services. — Il aurait pu mieux finir.

L'émotion à cette nouvelle fut grande, comme
on le peut croire, aux Amis de la Constitution.
On s'attendait peu à cet acte d'énergie. Il stupé-
fiait et bouleversait. Fiévreusement on rédigea
une nouvelle adresse à l'Assemblée nationale
pour lui demander « de rendre la plus prompte
justice à ces malheureux opprimés ».

Une députation de quarante membres était envoyée au colonel pour solliciter l'élargissement
des prisonniers. On s'imaginait presque pouvoir
les ramener en triomphe à la Société .

Le colonel fit à cette démarche l'accueil négatif
qui convenait. Il fallut donc se contenter d'envoyer à Paris deux courriers, MM. Chabot et de
Féraudy (1), à qui le malheur des temps avait
fait supprimer la particule, pour porter à l'Assemblée nationale une « pétition relativement à
nos frères du 58ᵉ régiment ». Une collecte couvrit
en partie les frais du voyage.

---

(1) M. de Féraudy avait été nommé président de la
Société le 20 août 1791.

D'après le registre des procès-verbaux, il semble avoir
peu présidé et n'avoir guère davantage assisté aux séances.

Un M. de Féraudy, ancien major du génie et fabuliste
depuis sa retraite, devait devenir à Blois l'ami intime
du général Hugo et tenter d'y fonder avec lui, en 1822,
une Société littéraire.

La *Société littéraire de Blois!* ces anciens militaires
étaient parfois des ironistes.

Un membre ayant obtenu la parole a fait part à la Societé de l'arrestation de trois de nos freres du 58ᵉ regiment.

Un autre étant monté à la tribune, il developpa avec toute l'energie possible l'interèt que la Societé devoit prendre pour ces braves soldats, se resumant à demander que la Societé ecrive particulierement à l'Assemblée Nationale pour la solliciter de rendre la plus prompte justice à ces malheureux opprimés, en priant la Societé de vouloir bien deputer une quarant(ain)e de membres pour aller séance tenante solliciter le commandant du 58ᵉ regiment de nous accorder l'elargissement de ces braves freres d'armes et faire tous leurs efforts pour les ramener ce soir au milieu de nous.

La deputation etant de retour et ayant annoncé àla Societé que leur démarche avoit été infructueuse, un membre a fait la motion d'envoyer ce soir même un courrier à l'Assemblée Nationale pour porter la petition relativement à nos freres du 58ᵉ regiment. La Societé a nommé de suite et par acclamations MM. Chabot et Feraudy pour partir sur le champ. Il fut ouvert au même instant une souscription pour subvenir aux frais du voyage de ces deux commissaires, dont une liste de souscripteurs renfermée dans le bureau constate le civisme d'un grand nombre de nos freres ainsi que de plusieurs citoyens des galeries assistant à notre séance.

(26 août 1791.)

VI

**Les excitations de la Société produisent leur
effet. — Mutinerie du second bataillon de
Rouergue. — Couardise des Amis de la Constitution. — L'effusion du sang à grand peine
évitée.**

Le lendemain samedi 27 août, les choses se
gâtaient tout à fait. La tête échauffée par les
encouragements de la Société et par la propa-
gande active de quelques meneurs, le second
bataillon du régiment de *Rouergue* se mutinait.
Avec drapeau, armes et bagages, il avait décidé
d'aller réclamer de l'Assemblée nationale les
quatre prisonniers s'il ne pouvait les enlever
de vive force, car un quatrième leur avait été
adjoint.

La Société des Amis de la Constitution avait
assez semé le vent pour pouvoir récolter la tem-
pête.

Toutefois, les registres' de ses procès-verbaux
ayant négligé de mentionner cette page glorieuse
de son histoire, j'emprunterai à l'excellent résumé donné par M. A. Trouëssart, des Délibérations

municipales de la ville de Blois (1), le récit de
cette sédition qui, facilement, eut pu devenir san-
glante.

La Municipalité de Blois était renommée pour
sa modération qui la rendait suspecte aux Jacobins. Elle leur évita, cependant, ce jour-là, d'avoir
mené le second bataillon de *Rouergue* à « l'irré-
parable ».

« 27 août 1791 — Pendant que le Conseil était
assemblé, sur les sept heures du soir, un nombre
considérable de soldats du 58ᵉ d'infanterie pas-
sent devant la Maison-commune (2) et prennent
la route de Paris. Peu après, passe un second rassemblement, ayant armes et bagages comme le
premier. Les uns et les autres reviennent vers
huit heures, et l'on sait alors qu'ils demandent la
délivrance de quatre soldats détenus à la prison

(1) A. TROUESSART : *La Commune de Blois de 1517 à
la fin du XVIIIᵉ siècle, d'après les registres municipaux*
(Blois, C. Migault, 1896-1898, 2 in-12, de 486 ; 595 p.)
Ces deux volumes sont excessivement rares, n'ayant
été tirés qu'à dix exemplaires.

(2) C'était la route pour se rendre à Paris en longeant
la promenade du Mail... Les mutins poussèrent peut-être
jusqu'au haut de la côte du Sanitas et cet effort leur
coupa les jambes. Paris était bien loin et ils auraient
laissé derrière eux bien des traînards avant d'arriver à
Orléans. Il y avait, sur la route, trop de cabarets où
étancher leur soif et leurs sentiments patriotiques.

(1), et qu'ils manifestent l'intention de les enlever de vive force.

« Les administrateurs venaient d'ordonner les mesures nécessaires pour éviter que les prisonniers ordinaires ne pussent s'échapper à la faveur du désordre, lorsqu'ils sont avertis que la presque totalité du second bataillon était rangée en bataille sur la place du Château et réclamait le drapeau, tandis que le 1er bataillon et (les) officiers étaient décidés à résister à ces mutins. Le général (2) s'était chargé de rétablir l'ordre ; mais les soldats révoltés étant armés et pourvus de munitions, la Municipalité redoute qu'ils ne se portent à des excès dans les rues, elle l'invite à venir à la Maison commune afin de se concerter avec lui sur les moyens propres à assurer la tranquillité. A son arrivée il déclare que ses efforts pour ramener les soldats à la raison ont échoué et il requiert (3) le Conseil de se rendre près d'eux pour les exhorter à l'obéissance ; quant à lui, sa

(1) La prison de la ville, sise dans l'ancienne demeure des sires de Beauvoir. Les restes du donjon, dominant la ville, contiennent encore la cellule des condamnés à mort.

(2) Le général de Chabrillant, dont il sera abondamment question dans des délibérations postérieures.

(3) Cette démarche du général était bien un signe des temps. Un décret de l'Assemblée nationale devait cependant déclarer, quelques semaines plus tard, qu'il appartenait aux supérieurs de maintenir et de rétablir, s'il y avait lieu, la discipline et le bon ordre, et qu'il n'était permis ni aux municipalités, ni aux corps administratifs de s'ingérer du régime militaire et des rapports de commandement et d'obéissance.

Le général de Chabrillant sentait trop son autorité lui échapper pour résister au mouvement qui tendait à ac-

présence étant inutile ,il restera à la Maison commune à attendre le résultat de cette démarche. —
Les officiers municipaux s'étant ainsi rendus à
la place du Château, le second bataillon déclarè
qu'il leur donne toute sa confiance ; ceux ci repré-
sentent que le premier devoir des soldats est
d'obéir à leurs chefs, les engagent à déposer leurs
armes, à se rendre au quartier, et qu'alors ils
exposeraient leurs plaintes. Ils répondent que
plusieurs fois ils avaient présenté des pétitions et
qu'on ne les avait pas écoutés ; que quatre de

---

corder à la Municipalité un pouvoir qui ne lui appartenait pas. Une fois qu'il s'en fut remis à' elle, la crainte
des responsabilités lui fit accepter, si mauvaise fut-elle,
la solution qu'elle apportait au conflit, comme elle
devait quelques jours plus tard, lui faire éloigner le
Régiment du Roi.

Le colonel de Toulougeon se montra beaucoup plus
ferme : mais, forts des concessions du général, les officiers municipaux ne tinrent pas compte de son refus de
se prêter à l'élargissement des prisonniers. Il eut lieu
à son corps défendant.

Le décret de l'Assemblée nationale remit les choses au
point. Le beau rôle appartint, au cours de cette malheureuse journée du 27 août 1791, au colonel de Toulougeon et à ses officiers.

La Municipalité n'avait cure que le principe d'autorité
soit ou ne soit pas maintenu. Ses préoccupations étaient
moindres. Aux termes mêmes du procès-verbal, elle
craignait « des excès dans les rues », voilà tout.

Sa mentalité n'avait pas changé, en 1870, quand elle
demandait à l'autorité militaire de livrer de suite la
ville aux Allemands, de peur que quelques obus n'en-
dommageassent les édifices municipaux et les maisons
des particuliers. Le souci du salut de l'armée de Chanzy,
qu'assurait la rupture du pont de Blois, lui échappait.

leurs camarades étaient incarcérés et qu'ils étaient décidés à les délivrer ; qu'autrement ils allaient partir pour demander justice à l'Assemblée Nationale, et qu'afin de ne pas être réputés déserteurs, ils voulaient le drapeau pour le porter au milieu d'eux.

« Les mutins persistant à vouloir s'emparer de ce drapeau et à délivrer leurs camarades avant de déposer les armes, les officiers municipaux voyant que plusieurs citoyens se joignaient aux perturbateurs et craignant de voir le désordre s'étendre, jugèrent prudent de proposer, sous réserve de l'assentiment du général, la délivrance provisoire des quatre soldats, à condition que leurs camarades s'engageraient à les livrer si après jugement ils étaient reconnus coupables. Les soldats en font le serment et ajoutent qu'ils ne souffriraient jamais qu'un coupable restât parmi eux, mais qu'ils étaient certains de l'innocence des prisonniers. — Alors le Colonel (1) se

(1) Bien que le général Susane fasse remonter la nomination du colonel Durand de la Roque, son successeur, au 25 juillet 1791, le comte de Toulougeon commandait encore le régiment de *Rouergue* lorsque se produisit la mutinerie du second bataillon.

Dufort de Cheverny est, sur ce point, on ne peut plus affirmatif.

« Mon gendre, le comte de Toulougeon, colonel au régiment de Rouergue, était caserné au château ; il fallait désorganiser son régiment : Chabot s'en chargea. Il y eut scission et insurrection. M. de Toulougeon ferme et prêt à soutenir un siège, ne voulut pas céder. Il y eut une cabale de la moitié du corps, qui s'achemina vers Paris ; mais ils revinrent, malgré les insinuations de Chabot et de son parti. »

(*Mémoires de Dufort de Cheverny*, II, p : 115.)

Le comte de Toulougeon semble avoir commandé le

montrant à une fenêtre du château déclare que
l'élargissement des prisonniers est impossible, le
ministre de la guerre étant informé de leur incarcération, mais que la cour martiale qui devait
les juger le lendemain serait ajournée.

« Cette proposition est rejetée par les soldats et
par les citoyens. — Estimant que l'on ne pouvait
plus longtemps refuser l'élargissement provisoire,
les administrateurs députent trois d'entre eux
vers le général. Celui-ci accepte leur proposition.
Sur le champ de vifs applaudissements se font
entendre et quatre soldats se rendent à la prison
avec le commandant de la garde nationale (1) ;
ils en font de suite sortir les quatre prisonniers
qui y étaient renfermés dans les cachots les plus
obscurs (2). Les officiers municipaux leur dé-
clarent qu'ils sont sortis grâce aux instances de
leurs frères d'armes, que la Loi exigeait leur jugement et, s'ils étaient coupables, leur châtiment,
ou la liberté en cas d'innocence ; que leur élargissement était donc provisoire et que leurs camarades répondaient d'eux. Ils sont invités à jurer
sur leur honneur (3) de se présenter au tribunal
quand ils en seront requis, ce qu'ils promettent
aussitôt.

« Le Colonel refuse de recevoir au quartier les
quatre prisonniers, non plus que les trois compagnies mutinées si elles ne déposaient les armes.
Les soldats étant indignés de cette demande et le

_____

régiment au moins jusqu'à son départ de Blois.

(1) L'élargissement des prisonniers était bien ordonné
en dehors du colonel du régiment. C'est le commandant
de la Garde nationale qui y présidait.

(2) Ils manquent, en effet, de lumière et ne rappellent
que de loin le luxe et le confort de Fresnes.

(3) L'honneur de délateurs ?

colonel persistant dans son refus, les officiers municipaux prennent le parti de les conduire à la ci-devant abbaye de Saint-Laumer (1) où il était possible de les recevoir et de les coucher. — Le lendemain les trois compagnies demandent à rentrer au quartier et y reprennent leur service. » (2).

Dans ce récit, écrit par un témoin oculaire des évènements dont il rend compte, on voit le rôle assez piteux joué par les Amis de la Constitution. Ils n'apparurent pas pendant la journée du 27 août, laissant à la Municipalité seule le soin d'intervenir, pour tâcher de calmer la crise qu'ils avaient provoquée.

Il est vrai que l'on peut reconnaître quelques uns d'entre eux parmi ces « plusieurs citoyens (qui) se joignaient aux perturbateurs ». C'était pour eux ne pas sortir de leur rôle, mais, d'une façon générale, leur courage ne sembla pas dépasser la salle de leurs réunions.

Les amis de Chabot n'étaient même pas très rassurés.

Un sergent-major du régiment aurait tenu sur l'ancien capucin et sur la Société des propos dé-

_____

(1) L'ancienne abbaye bénédictine de Saint-Laumer, dont les bâtiments conventuels, vacants en 1791, sont utilisés, depuis 1793, comme Hôtel-Dieu.

(2) A. TROUESSART : Op. cit. II, pp : 184-187.

pourvus d'aménité, sinon de justesse, et aurait proféré contre le vicaire épiscopal des menaces de mort, que les passions du moment ne suffisaient pas à justifier.

Ce fut l'objet d'une dénonciation sensationnelle.

Il a été fait une dénonciation par MM. Mercier et Talbert contre le Sr Tonere, sergent major du 58ᵉ regiment, pour avoir dit que M. Chabot étoit un incendiaire et qu'il lui brulerait la cervelle lorsqu'il le rencontreroit ; et que notre Societé n'étoit composée que de factieux. La Societé a arretté que cette denonciation seroit renvoyée au Comité d'Instruction.

(28 août 1791.)

Le 29 août, les trois compagnies mutinées une fois rentrées au château et les quatre prisonniers remis sous clefs, les frères et amis sortirent de leur torpeur pour fêter leurs envoyés à l'Assemblée nationale, qui rapportaient de Paris un arrêté du Comité militaire tendant à engager le ministre de la guerre à faire observer le plus promptement possible les prescriptions sur le serment des troupes.

C'était peu. Une fois encore, la montagne avait acouché d'une souris.

Mr le President (1) a ensuite rendu compte de

_____

(1) M. de Féraudy.

lecture à la Societé de l'arretté pris par ce mêmo
Comité, dont l'insertion dans le proces verbal a
été arrettée unanimement et dont suit la teneur.
sa mission auprès du Comité militaire et a fait

Le Comité Militaire, après avoir pris connoissance de la lettre ecrite par les citoyens de la ville
de Blois à l'Assemblée Nationale a arretté qu'il
ecriroit au Ministre de la Guerre pour lui donner
connoissance des faits consignés dans les pieces
qui ont été remises par deux citoyens de laditte
ville, pour l'engager à donner les ordres les plus
prompts pour l'exécution des lois rendues sur le
serment des troupes et pour l'inviter à prendre
les mesures que la connoissance officielle de la
situation du regiment de Rouergue lui fera juger
nécessaires.

Arretté au Comité militaire le 28 aout 1791, signé en la minutte : Alexandre Beauharnois, Victor Broglie (1), Alexandre Lameth (2), Jelle-

---

(1) Louis-Victor, prince de Broglie, né à Paris, le 22
septembre 1756, guillotiné le 9 messidor an II (27 juin
1794).

Chef d'état-major au camp de Metz, il avait été élu,
en 1789, comme Beauharnais, député de la noblesse des
bailliages de Colmar et de Schlestadt aux Etats généraux, où il se rallia au tiers état et fit également partie
du Comité militaire.

Rentré dans le service actif et envoyé dans l'armée du
Rhin, à la fin de sa législature, il se retira, après le 10
août, à Bourbonne-les-Bains, n'ayant pas voulu reconnaître le décret prononçant la déchéance du roi. Em-
prisonné, puis libéré, il fut à nouveau incarcéré, faute
d'avoir émigré, condamné et exécuté.

(2) Alexandre-Théodore-Victor de Lameth, né à Paris,
le 28 octobre 1760, mort à Paris, le 28 mars 1829. Après

mon (1), Ball-Crillon (2), J. Bureaux Pusy (3).

(29 août 1791.)

On remarquera avec quel soin les membres du Comité militaire avaient pesé les termes de cet arrêté. C'est vague et cela ne tire pas à grande

---

avoir pris part, avec ses deux frères, à la guerre d'Amérique, colonel au 2ᵉ Royal-Lorraine, fut, en 1789, élu député de la noblesse du bailliage de Péronne aux Etats généraux. Se rallia au tiers état, ainsi que son frère aîné et fut avec lui une des têtes de Turc des *Actes des Apôtres*, fit partie du Comité militaire; promu maréchal de camp, servit à l'armée du Nord, puis à celle du Centre.

Ayant voulu, avec La Fayette, Bureaux de Pusy et Marie-Charles-Lucas de Latour-Maubourg, passer à l'étranger, au lendemain de la proclamation de la République, fut arrêté avec eux, le 18 août 1792 aux avant-postes autrichiens et partagea leur captivité à Olmutz. Libéré au bout de trois ans et demi, passa en Angleterre, revint en France, où il entra dans l'administration sous le Consulat, y demeura sous l'Empire, fut nommé pair de France durant les Cent jours, et fit, à la Chambre, partie de l'opposition, de 1820 à sa mort. Napoléon l'avait créé baron de l'Empire.

(1) Il faut lire : d'Egmont. — Le comte Casimir d'Egmont-Pignatelli, né à Braisne (Aisne), le 6 novembre 1727, mort à Brunswick (Allemagne), le 3 décembre 1802. Le comte d'Egmont, lieutenant général des armées du roi, avait été élu aux Etats généraux par le bailliage de Soissons, le 18 mars 1789. Il siégea toujours à la droite de l'Assemblée, émigra en 1792 et entra dans l'armée de Condé.

Evidemment, les membres du Comité militaire

conséquence. Le ministre est invité à faire res-
pecter la loi et à prendre les mesures qu'il jugera
nécessaires.

Il n'est pas dit un mot des quatre prisonniers,
dont le Comité militaire avait mieux que person-

---

n'étaient pas des créatures des sociétés populaires et
Gorsas était dans son rôle en déclarant dans son *Courrier* que le Comité était « bon à jeter par les fenêtres ».

La Commission actuelle de l'armée remplirait davantage ses vœux et ceux de ses lecteurs : les quelques anciens officiers qu'elle compte dans son sein ont généralement quitté l'armée comme lieutenants ou comme
capitaines, par contre la « territoriale » y est largement
représentée.

(2) Louis-Pierre-Félix-Nolasque de Balbis de Berton,
marquis de Crillon, né à Paris le 12 décembre 1742, mort
à Paris le 29 avril 1806.

Maréchal de camp, fut élu, le 4 avril 1789, par le bailliage de Troyes à l'Assemblée nationale où il fit partie
du Comité militaire.

Promu lieutenant général au commencement de 1792,
démissionna au mois de mai et émigra en Espagne.

(3) Jean-Xavier Bureaux de Pusy, né à Port-sur-Saône
le 7 juin 1750, mort à Gênes le 2 février 1805. Etait capitaine du génie lorsqu'il fut élu député à la Constituante
où il fit partie de la Commission militaire, et dont il fut
à trois reprises président. Rentré dans l'armée avec son
grade à l'issue de la législative, fidèle à ses opinions
modérées, il quittait la France, en 1792, pour s'expatrier
en Amérique, lorsqu'il fut fait prisonnier par les Autrichiens avec La Fayette et Lameth et enfermé à Olmutz.

Rentré en France, il se vit placer, par Bonaparte, à
la tête des préfectures de l'Allier, du Rhône, puis de
Gênes, où il mourut dans l'exercice de ses fonctions.

ne compris la culpabilité. Chabot en a été pour
ses frais d'éloquence. Si la Société se montra sa-
tisfaite du voyage à Paris de ses deux courriers, il
fallait vraiment qu'elle ne fût pas difficile.

Pour contre-balancer le mauvais effet que pouvait produire cet arrêté, Alexandre de Beauharnais, secrétaire du Comité et député du département, y avait joint une lettre personnelle à laquelle les Amis de la Constitution se montrèrent
sensibles.

Ce pauvre Beauharnais aimait trop à écrire et
ses autographes avaient encore quelque valeur
aux yeux des patriotes.

Après que Chabot fut monté à la tribune et y
eut fait le récit de son voyage à Paris, lecture fut
donnée d'une pétition des soldats du 58° régiment
demandant la mise en liberté de leurs frères
« plongés dans les cachots les plus obscurs », —
encore ! — dans laquelle ils confessaient leur for-
faiture avec une belle inconscience.

Il fut demandé, bien entendu, que les officiers
coupables d'avoir fait enfermer « aussi arbitrairement ces 4 soldats » fussent sévèrement punis.

« De nos braves frères d'armes » s'offrirent
pour prendre sous leur sauvegarde « Mr Chabot »
et le défendre contre les menaces de l'indigne
Tonnerre.

Enfin, l'assemblée ne se sépara pas sans décider l'envoi à la Municipalité d'une députation, pour la remercier de la sagesse et de la fermeté qu'elle avait montrées durant la journée du 27 août. Elle lui devait bien cela. Ce fut la seule motion raisonnable de cette longue séance.

Mr le President a aussi fait lecture d'une lettre de M. Beauharnois à la Societé à laquelle le Comité de Correspondance a été chargé de suite de repondre et de temoigner à Mr Beauharnois les sentiments de gratitude dont est penetrée la Societé pour lui...

Mr Chabot est ensuite monté à la tribune et a rendu compte à la Societé de ses démarches respectives, avec Mr le President auprès du Comité Militaire, il en a fait le rapport avec tout le civisme dont il est capable ,ce qui lui a merité les applaudissements réitérés de la Societé...

Il a été fait ensuite lecture d'une petition individuelle des soldats du 58e regiment à l'Assemblée Nationale tendant à demander justice pour 4 de leurs freres qui ont été plongés dans des cachots les plus obscurs, et,dont tout le crime est d'avoir dénoncé à la Societé l'infraction à la loi et l'incivisme de leurs officiers.

Un membre a demandé 4 commissaires pour prier MM. de la Municipalité de nous délivrer copie du proces verbal à l'occasion de l'evenement (1) qui a eu lieu samedi dernier. MM. (en blanc) ont été nommés pour se rendre à la Municipalité à cet eflet.

Un autre membre ayant obtenu la parole a de-

_____

(1) Euphémisme aimable pour désigner la grave mutinerie du 27 août 1791.

mandé que l'on ajoutât à la petition que les officiers qui avoient fait renfermer aussi arbitrairement ces 4 soldats dans d'infâmes cachots, fussent punis severement pour etre contrevenus aux
decrets. (Applaudi.)

Un de nos freres d'armes du 58ᵉ regiment est
ensuite monté à la tribune et a fait part à la Societé que tout le regiment de Rouergue prenoit
sous sa sauvegarde Mr Chabot menace par un de
leur sergent major d'etre assasiné par lui, que le
regiment avoit même l'intention de lui fournir
une ou deux sentinelles pour sa sureté particu-
liere, et s'est resumé à demander que la Société
veuille bien ne pas perdre de vue la denonciation
faite à ce sujet. Mais comme elle a été renvoyée
hier au Comité des recherches, Mr le President a
annoncé qu'aussitôt le rapport à faire par ce Comité qui s'est engagé à le faire le plutôt possible,
la Société délibéreroit et aviseroit aux moyens à
prendre contre le Sr Tonnere, auteur de ces menaces.

Un autre membre a fait la motion d'envoyer
une autre deputation vers la municipalité pour
lui temoigner la reconnoissance de la Société sur
la sagesse et la fermeté avec laquelle elle s'est portée à retirer des cachots ces 4 malheureux. La
Société a arretté que la députation auroit lieu et a
député MM. Vilpeau, Bonvalet, Roger, curé, et
Velu (1) instituteur.

(29 août 1791.)

----

(1) Des quatre députés, un seul nous est connu, c'est
Velu, l'instituteur Velu, jadis élevé à l'hôpital, de cordonnier devenu instituteur, avant que Guimberteau, lors
de son épuration du 9 brumaire an II (30 octobre 1793),

Le 30 août, la Société ayant eu, par la Municipalité, communication de son rapport sur « l'évè-
nement » du 27 août, ergota sur des points de
détail, cherchant à faire glisser dans ce document, pour atténuer la responsabilité des hommes
du second bataillon, que leurs armes n'étaient
pas chargées.

Pour ne pas envenimer à nouveau les choses,
la Municipalité consentit à faire subir à son procès-verbal une légère variante. Elle tut « la prudence du colonel et des officiers » (1) ; les armes n'étaient peut-être pas chargées, mais la si-
tution était grave, « les soldats révoltés étant armés et pourvus de munitions ».

Comme le sage, — c'était, d'ailleurs, le seul

_____

l'ait promu notable et juge de paix, à la place de Bel-
lenoue-Villiers.

« Gros, assez blanc, il était devenu la terreur de tout
le pays, depuis qu'il avait proposé au club et aux tyran-
nicides d'aller égorger la municipalité de Blois... »

Il buvait comme un Suisse, « ne tenait pas à une bou-
teille de vin ; il aurait vidé un tonneau sans qu'il y
parût ». Il se familiarisait vite, et sans en être prié, four-
rait volontiers sa main dans une tabatière d'aristocrate,
« en forme d'égalité », avant que d'aller cuver son vin.
(DUFORT de CHEVERNY).

(1) Le procès-verbal de la Municipalité a pu les taire ;
bien involontairement celui des *Amis de la Constitution*
nous les fait connaître.

rapport qu'elle eut avec lui, — la Société savait se contenter de peu.

Suivirent les dénonciations d'usage contre les officiers, à commencer par le général, et des papotages de corps de garde sur le mot d'ordre et sur l'heure à laquelle il était donné. Tout cela était d'un puissant intérêt.

Un membre a obtenu la parole et a fait observer que la Municipalité avait eu tort de mettre dans son procès verbal que les armes du 2ᵉ bataillon du 58ᵉ regiment etoient chargées et de faire l'éloge de la prudence du Colonel et des officiers et s'est résumé à ce que la Municipalité soit priée de faire la radiation de cette prudence si vantée ainsi que de la charge des fusils.

Il a ensuite denoncé le général et tous les officiers comme répandant des discours incendiaires propres à soulever leurs soldats contre eux.

Il a ensuite dénoncé à la Société qu'il y avait quelques jours que le mot d'ordre avoit été faux pendant 2 jours et avoit failli à renouveller la journée de Nancy.

Un membre a fait à ce sujet le rapport qu'etant de garde (1) il y avoit trois jours, le mot d'ordre n'étoit pas encore donné à 9 heures et demie...

Il a été mis aux voix si on prieroit la Municipalité de rayer de son proces verbal que les armes etoient chargées, mais un membre a observé que ce proces verbal etant parti pour l'Assemblée

_____

(1) Pour une fois qu'un membre de la Société montait sa garde, comme l'autre, il tenait bien à le faire remarquer.

Nationale, il etoit urgent que la copie de cette radiation soit envoyée par supplément à l'Assemblée Nationale avec le desaveu de toutes ces clauses. Cet avis a été adopté unanimement et MM. Vilau, Arnauld et Langlais ont été nommés commissaires à cet effet, et, à leur retour, ont dit que la Municipalité consentoit de tout son cœur à cette radiation, et qu'elle feroit passer à l'Assemblée Nationale ce desaveu, n'ayant été induite en erreur que par le bruit public...

Un membre a rendu (compte) de nouveaux faits à insérer dans la pétition à l'Assemblée Nationale et demande que laditte pétition fut envoyée de suite par un courrier pour accc. .er les éclaircissements nécessaires à la justification de nos freres d'armes. La Societé a arretté qu'il seroit envoyé un courrier extraordinaire.

(30 août 1791.)

Qui sait si les courriers ne prenaient pas goût à ces voyages à Paris aux frais de la Société ?

VII

Le *Régiment du Roi.* — **Crainte salutaire qu'ins-
pire à la Société l'arrivée d'un régiment « tout
aristocrate ».** — **Elle en demande l'éloigne-
ment immédiat et la Municipalité cède à ses
injonctions.** — **Violentes dénonciations contre
le général de Chabrillant.** — **Les prisonniers.**
— **L'ex-capucin Chabot provoque le départ du**
Régiment de Rouergue. — **Un décret de l'Assemblée nationale.** — **Adieux touchants aux
hommes.** — **Un certificat de bonne conduite.**

Les Amis de la Constitution semblaient, cependant, de moins en moins rassurés. Brûlant les
étapes, un régiment de cavalerie que n'avait pas
encore gagné la gangrène constitutionnelle, s'ap-
prochait de Blois. La Société n'avait rien à en
espérer et tout à en craindre. Cette « fiche » venue
de Poitiers ne laissait place à aucune illusion :

Il a été fait ensuite lecture d'une lettre de Poitiers qui nous annonce que le 6ᵉ regiment de ca-

valerie (1) qui doit passer ici est tout aristocrate et qu'elle nous prie de les surveiller. Renvoyé à la Correspondance pour les remercier.

(30 août 1791.)

Les cavaliers étaient encore à deux jours de route, le Comité de correspondance put donc « crâner » un peu et adresser à la Société de Poitiers ce billet infiniment spirituel :

---

(1) Ce 6ᵉ régiment de cavalerie « tout aristocrate » n'était autre que le *Régiment du Roi* qui avait alors pour colonel le vicomte Amable-Charles Hennequin d'Ecquevilly.

Ce régiment avait été reconstitué, en 1659, par le comte de Vivonne, avec les anciens éléments des *Dragons du Cardinal* levés, en 1635, par Richelieu et devenus, dès 1646, *Régiment du Roi.*

Le 6ᵉ régiment, qui arrivait de Poitiers et de Saint-Maixent, devait aller tenir garnison à Rambouillet, à Etampes et à Guise.

M. de Dorthan succéda, le 15 septembre, au vicomte d'Ecquevilly comme colonel et fut, à son tour, remplacé, six semaines plus tard, par M. de la Tourmelière, lieutenant-colonel.

Par suite des vides amenés par l'émigration, le dégoût et la méfiance des sociétés populaires, dix-huit mois plus tard, le *Régiment du Roi* avait pour colonel Jean-Charles Tardieu, qui, entré au corps comme cavalier, au commencement de la Guerre de sept ans, figurait comme sous-lieutenant sur *l'Etat militaire* de 1791. Il sut mener bravement son régiment au feu et chargea vigoureusement en tête de ses escadrons.

Cf : Général SUSANE : *Histoire de la Cavalerie française* II, pp : 46-58.

Il a été fait lecture par un membre de ce Comité (de Correspondance) d'une lettre en reponse a nos freres de Poitiers dans laquelle nous leur promettons d'engager les musiciens nationaux de regaler le 6ᵉ regiment de cavalerie qui doit passer ici et qu'il nous a denoncés comme aristocrate de l'air : *Ça ira.*

(31 août 1791.)

Les musiciens nationaux n'eurent garde de suivre ce conseil et prudemment se tinrent cois. Les armes chargées, (prétendirent les patriotes), la giberne sur le côté, « comme étant prêts à faire feu », les hommes semblaient peu disposés à se prêter à cette plaisanterie. Le *Régiment du Roi* semblait moins s'arrêter à Blois pour y cantonner, qu'y venir pour rétablir l'ordre et rappeler le second bataillon de *Rouergue* à une notion plus exacte de ses devoirs et obligations militaires.

Les Amis de la Constitution évitèrent toute manifestation dans la rue, et, le soir seulement, sous le couvert du temple, ils donnèrent libre cours à leur indignation.

Un membre, après avoir obtenu la parole, dénonça le 6ᵒ regiment de cavalerie comme étant entré ici avec leurs armes chargées et giberne sur le côté comme étant prêts à faire feu et a fait la motion d'ecrire sur le champ à nos freres de Beaugency et d'Orleans pour les instruire de la conduite de ce régiment et les recevoir comme ils méritent. Appuyé generalement et les deux lettres ont été remises à la poste de suite.

(2 septembre 1791.)

Ce premier devoir rempli, la Société députait deux de ses membres, l'ex-cordelier Berger (1) et l'ancien notaire Toutan (2), pour lui dénoncer la manière dont s'était présenté à Blois le 6ᵉ régiment de cavalerie :

Un membre a fait la motion de députer vers la Municipalité deux commissaires pour lui faire part de la manière dont le 6ᵉ regiment de cavalerie s'étoit présenté à son entrée en cette ville et MM. Berger et Toutant ont été députés à cet effet.

Le général de Chabrillant (3), qui comman-

_____

(1) « Berger, ex-cordelier, marié, devenu dragon, convaincu d'être revenu, après dix ans, trouver le supérieur des Cordeliers, et, lui mettant le pistolet sous la gorge, de s'être fait livrer le trésor du couvent. »
(DUFORT de CHEVERNY).

(2) Toutan, ci-devant notaire, conservé comme notable par Guimberteau :
« Tu es un patriote soutenu ; ta faiblesse n'a été que d'un moment. Il est doux pour moi de rencontrer de vrais amis du peuple, parmi ses magistrats. »

(3) Ces dénonciations attinrent le but qu'elles poursuivaient : le marquis de Chabrillant émigra en 1791 et fit la campagne de 1792 avec l'armée de Condé.

dait la 22ᶜ division (1) eut avec le 6ᵉ régiment de cavalerie les honneurs de cette séance.

Après la lecture d'une lettre des députés relative aux quatre prisonniers de Rouergue, on décida de faire part à la Municipalité de la conduite du Général à leur égard :

Un autre membre, après avoir obtenu la parole, a demandé que l'on fit part à la Municipalité de la conduite du Sr Chabrillant et des officiers du 58ᵉ regiment qui se proposent de tenir la cour martiale avant la réponse de l'Assemblée, malgré leur parole qu'ils avoient donné aux corps administratifs.

Ce n'était là qu'un bruit de caserne ; mais, presqu'aussitôt, on apprit pertinemment, par la Municipalité, que loin de vouloir éloigner de suite le *Régiment du Roi*, le Général comptait le retenir quelques jours à Blois.

Les commissaires envoyés précédemment vers

Rentré en France, il fut arrêté à Toulouse comme émigré et incarcéré jusqu'au 18 brumaire.

Rallié à l'Empire et rentré en possession d'une partie de ses biens, M. de Chabrillant fut, sous la Restauration, nommé gentilhomme de M. le comte d'Artois. Il commanda la légion départementale de la Drôme et représenta ce département, en 1815 et en 1816 à la Chambre des députés.

(1) Cette division était composée des départements du Cher, de la Mayenne, de la Sarthe, du Loir-et-Cher, de Mayenne-et-Loire et d'Indre-et-Loire.

elle (la Municipalité) étant de retour, en rendant
compte de leur mission et fait lecture d'une lettre
dudit Sr Chabrillant à la Municipalité, dans laquelle il marque que, que loin d'etre dans la pos-
sibilité de faire partir le 6e regiment de cavalerie,
il est au contraire dans l'intention de les garder
jusqu'à lundy prochain.

Cette lettre mit à son comble l'indignation de
la Société. Sur le champ, M. de Chabrillant fut
l'objèt d'une dénonciation des plus violentes.
Toutes les haines, toutes les rancunes, toutes les
jalousies des Amis de la Constitution s'y assouvis-
saient. Dénaturant les paroles d'un chef soucieux
de la discipline en propos injurieux pour l'Assemblée nationale, les délateurs faisaient du Général un révolté dont la mise en réforme se fût
imposée dans les vingt-quatre heures, si le Comité militaire eut pu prendre au sérieux l'échafau-
dage de ces mensonges.

Il a été fait ensuite une dénonciation contre ledit Chabrillant qui n'a cessé depuis son arrivée
dans Blois d'y causer de la fermentation par ses
propos incendiaires et injurieux tant contre l'Assemblée nationale, que contre la Municipalité et
les differens corps administratifs, et qui n'a cessé
de dire que l'Assemblée Nationale elle même
trompoit les soldats et qu'ils ne devoient absolument se conformer qu'aux ordres du Roy, au
nom duquel il commandoit, et qu'il etoit autorisé
du Ministre de la Guerre d'employer la force pour
les faire rentrer dans l'obeissance qu'ils devoient

aux officiers refractaires, seuls moteurs des troubles qui existent dans notre ville depuis leur arrivée.

Après plusieurs moyens proposés et après la discussion fort longue sur les moyens à prendre dans une circonstance aussi dangereuse, il a été arretté qu'il seroit adressé à la Municipalité une petition tendante à exposer les griefs ci dessus et à prier MM. les officiers municipaux de lui enjoindre un prompt départ pour la tranquilité publique.

(2 septembre 1791.)

En toutes lettres, cette longue diatribe porte cette signature :

LERICHE

soldat au 58ᵉ Regt

Secrétaire

Le soldat Leriche dut goûter, ce soir-là une des joies les plus intenses de sa vie de troupier. Quatre drôles expiaient déjà leurs délations à la prison : Leriche aurait agréablement complété le quintette.

Mais il s'agissait bien de faire acte d'autorité et de rappeler les hommes à la discipline !

Effrayée par les menaces dont les commissaires de la Société s'étaient fait l'écho auprès d'elle, la Municipalité tentait au même moment une démarche auprès de M. de Chabrillant, pour le prier d'éloigner le plus tôt possible le 6ᵉ régiment de cavalerie, lui représentant qu'au cas où il persisterait à vouloir le retenir, il serait responsable des troubles résultant de sa présence (1).

Par cette demande et par sa forme, l'administration municipale venait de commettre une lourde faute. Il appartenait au général seulement d'apprécier quelles troupes il devait maintenir à Blois. Ce n'était pas du ressort de la ville et moins encore de celui de la Société populaire. C'était accorder à celle-ci un pouvoir qu'elle n'avait pas et compromettre l'avenir.

La Municipalité avouait son impuissance et reconnaissait le droit à l'émeute. (2)

Au lieu de rejeter sur le général la responsabilité de troubles possibles, elle eut dû en assumer une partie, lui laissant le champ libre pour rétablir l'ordre, s'il était besoin, et raffermir le principe d'autorité.

Le général avait le droit et le devoir de mépriser les injonctions de la Société populaire. A dé-

---

(1) Cf : A. TROUESSART : Op. cit. II, p : 187.

(2) La Convention devait formellement le reconnaître le 23 juin 1793, par l'article 35 de la Déclaration des Droits de l'Homme :

« Quand le gouvernement viole les droits du peuple, l'insurrection est pour le peuple, et pour chaque fraction du peuple, le plus sacré des droits et le plus indispensable des devoirs. »

faut d'ordres supérieurs, il ne pouvait ne pas tenir compte de la demande de la Municipalité ainsi formulée.

Si pénible que la chose lui dut paraître, le général céda et promit que le *Régiment du Roi* s'éloignerait le lendemain.

Les Amis de la Constitution triomphaient. Une nouvelle dénonciation salua leur victoire.

Un électeur ayant obtenu la parole, il a engagé la Societé à dénoncer Mr Chabrillant à toutes les Sociétés patriotiques des lieus ou il a et pourroit avoir dans la suite quelque commandement, et le depeindre comme il le merite, de le denoncer en outre à l'Assemblée Nationale et au Ministre pour qu'ils ayent à prévenir les malheurs dans lesquels il pourroit entraîner l'etat et à se mefier et se mettre en garde contre les manœuvres aristocratiques.

(3 septembre 1791.)

La Société se rendit compte, enfin, du peu de poids qu'avaient, auprès du ministre de la guerre ses dénonciations répétées et, assez sagement, attendit que la Législative fût réunie (1) pour poursuivre de ses foudres le marquis de Chabrillant.

---

(1) L'Assemblée nationale législative se réunit le 1er octobre 1791, pour faire place, le 21 septembre 1792, à la Convention.

Un autre, en appuyant la motion, a observé qu'il etoit inutile de le denoncer au Ministre, qui ne feroit aucun cas de cette denonciation, mais bien à l'Assemblée Nationale et à toutes les Societés du Royaume, en attendant, cependant, pour le poursuivre légalement, que la nouvelle législature soit constituée. La Societé a arretté qu'il seroit dénoncé à l'Assemblée Nationale et à toutes les Societés ou il pourroit avoir du commandement.

Et ce furent les remercîments d'usage à la Municipalité :

Le meme membre a ensuite fait la motion de députer deux commissaires vers la Municipalité pour la remercier de sa conduite à l'égard de Mr Chabrillant et MM. Gidoin (1) et Arnaúld ont été nommés à cet effet.

Le 5 septembre, — toute idée de discipline étant décidément abolie — l'on cherchait des soldats qui aient entendu les propos injurieux prê-

---

(1) L'un des meneurs, avec Hésine, de l'infâme guet-apens du Château-Gaillard. Gidoin n'avait même pas, comme Velu, l'excuse relative de sa basse extraction.

«Marchand de toiles de la ville, ayant reçu une certaine éducation et marié à Orléans, (c') était un de ces coquins qui cherchaient à rétablir une fortune délabrée. Son effronterie, les goûts sanguinaires dont il a donné des preuves depuis le portèrent aux Jacobins. Il en fut récompensé par une place dans le Département. »
(DUFORT de CHEVERNY, II, P : 132.)

tés au général pour leur faire rédiger et signer une nouvelle dénonciation.

Sur l'annonce d'un membre que Mr Chabrillant poursuivoit auprès du Ministre la dénonciation faite contre lui, il a été arretté que les soldats de Rouergue, témoins directs des propos injurieux du Sr Chabrillant, feroit une dénonçiation en regle à la Societé, signée d'eux pour etre ensuite déposée aux archives.

Enfin, il convenait de ne pas oublier les « journaux patriotes ».

Un membre a fait la motion que l'on dénonçat à touies les Societés du Royaume les manœuvres perfides du Sr Chabrillant, il a été arretté que ce détail seroit envoyé par le Comité de Correspondance à tous les journaux patriotes.

(6 septembre 1791.)

Le même jour, — il y avait longtemps qu'on ne s'était occupé d'eux — les quatre délateurs punis du régiment de *Rouergue* étaient l'objet de cette motion :

Un autre membre a fait la motion de faire une pétition à la Municipalité pour la prier d'engager le commandant du 58e regiment de mettre en liberté les soldats détenus à la salle de police, en attendant la décision de l'Assemblée Nationale, attendu que la loi est contraire à cette arrestation.

Il a été arretté que la pétition serait faite demain à la Municipalité.

Le colonel cherchait précisément en ville « une sale de discipline » pour les y garder et le Département, terrorisé par la Société, faisait la sourde oreille.

Un membre dénonça que ce matin le commandant du 58e Regiments s'était rendu au Département pour demander qu'il fut destinée une sale de discipline pour garder les quatre soldats détenus, à quoi le Département n'a pas voulu accédé.

(7 septembre 1791.)

Ils ne cessaient, pourtant, d'intriguer pour tâcher d'obtenir leur mise en liberté.

Un membre fit lecture d'une lettre de Monsieur Lijer l'ainné donnants connaissance à la Société des prières que lui font les quatres soldats detenus pour tacher d'obtenir leurs élargissements, Monsieur Chabauts fut chargé de faire cette pétition à la Municipalité et la faire tenir lui-même (1).

(7 septembre 1791.)

Ce fut une occasion de revenir sur les menaces

_____

(1) Chabot avait été élu à la Législative le 2 septembre 1791. C'était un beau rêve qui devait finir très mal.

dont Chabot aurait été l'objet de la part du sergent-major Tonnerre. Cela permit à un des La
Bruyère au très petit pied des Amis de la Constitution de « parfaitement » dépeindre les caractères
particuliers des officiers généraux et subalternes.

Un membre obtint la parole et dénonça le sieur
Toners, sergent major du 58° régiment, comme
tenant des propos injurieux à la Société et notam-
ments des menaces contre Monsieur Chabauts,
dénonça pareillement que les officiers publioit
partout que la Société excitait l'insurrection par-
mis les troupes, suivi d'un discours sur les ma-
neuvres inconstitutionelles des officiers géneraux
et des officiers subalternes dont il à parfaitement
dépeint les caractères particuliers, terminés par
un compliment aux soldats du 58ᵉᵐ Régiment, sur
le regrets que la Société témoigne de leurs départs (1), et des remerciements à MM. les élec-

---

(1) Les regrets exprimés par les *Amis de la Constitution* aux soldats de *Rouergue* au sujet de leur départ,
sont amusants à comparer à la pétition adressée à l'Assemblée nationale par la Société « pour demander l'éloi-
gnement de tout corps militaire, principalement du régiment de Rouergue. Ils représentèrent le marquis de
Chabrillant, officier général, et le comte de Toulougeon,
colonel, comme des gens impérieux et écrasant le peuple. D'après eux tous les bons citoyens étaient alarmés. »
Le citoyen Besard, maire de la ville de Mer, ancien
soldat à la figure assez militaire, était, avec Chabot, un
des promoteurs de ce mouvement. Ne reconnaissant pas,
ou feignant de ne pas reconnaître Dufort de Cheverny

teurs sur l'assiduité dont ils nous ont honoré dans
nos séances.

La Société sensiblement touché de la force de
ce discours à arrété que mention honorables en
serait faites en son procès verbal.

Tandis que le régiment était sur son départ,
le bruit se répandit que l'Assemblée nationale
avait rendu un décret le concernant. La Société,
à qui le législateur avait négligé de le communiquer, n'en savait que très inexactement la teneur.
La municipalité elle-même n'en avait eu connaissance que par le colonel.

Après plusieurs débats sur un décrets relatif
aux soldats du 58ᵉᵐ regiment, la Societé a député
deux de ses membres vers Messieurs les officier
municipaus pour les prier de nous dire s'ils avoit
reçue officiellement le décrets dont il était question; les députés de retours ont dit que Messieurs
les officier municipaus les avoit assuré n'avoir
point reçu le décrets, mais seulement en avoir eut
connaissance par le canal du commandant du
58ᵉᵐ regiment.

---

pour le beau-père de M. de Toulougeon, il eut la mala-
dresse, ou l'aplomb, de lui demander de signer cette
pétition...

Et il crut, après, devoir s'excuser auprès de lui !

Cf : *Mémoires de Dufort de Cheverny*, II, pp : 115-116.

Sur le rapport de M. Chabroud (1), l'Assemblée nationale avait, en effet, rendu, le 6 septembre 1791, ce décret, dont les Amis de la Constitution négligèrent de joindre la copie aux procès-verbaux de leurs délibérations .

C'eut été beaucoup leur demander.

« L'Assemblée nationale, sur le compte que lui a fait rendre son Comité militaire, 1° du procès-verbal des administrateurs du département de Loir et Cher, du 12 juillet dernier, relatif à la prestation, de la part des officiers du 58ᵉ régiment d'infanterie, du serment ordonné par le décret du 22 juin.

« 2° de la pétition de quelques sous officiers et soldats du même régiment, adressée à l'Assemblée nationale par les président et secrétaires des amis de la constitution de Blois, le 31 août.

« 3° Des attestations données au bas de la pétition par plusieurs citoyens sous le nom d'amis de la constitution, par les officiers municipaux et par les administrateurs de district et de département.

« 4° Enfin de l'état d'insubordination dans le-

(1(Jean-Baptiste-Charles Chabroud, né à Vienne, (Isère), le 5 mars 1750, mort à Paris le 1er février 1816.

Avocat à Vienne, fut élu député du Tiers aux Etats généraux et fut nommé, le 9 avril 1790, président de la Constituante, où, au lendemain de la fuite de Varennes, il devait demander que tous les complices du roi fussent jugés par une Haute-cour et provoquer des mesures sévères contre les émigrés.

Entré, à la fin de la législature, dans la magistrature, Chabroud donna sa démission d'avocat à la Cour de cassation lors du retour des Bourbons.

quel est une partie du 58ᵉ régiment, et des mesures prises par les officiers, tant du régiment que de la division, pour y rétablir l'ordre.

« Déclare que le serment prêté par les officiers du 58ᵉ régiment, *après lecture faite de la formule prescrite* par la loi du 22 juin, selon les formes mêmes du procès-verbal a été conforme à la loi.

« Qu'ayant donné à l'armée des lois qui assurent les droits de tous les individus qui la composent, et des moyens de faire entendre leurs plaintes légitimes, elle ne saurait tolérer que l'on s'ouvre d'autres voies, et surtout que des griefs allégués servent quelquefois de prétexte à l'insubordination.

« Qu'il n'est permis ni aux simples citoyens, sous quelque dénomination que ce soit, ni aux municipalités, ni aux corps administratifs, de s'ingérer du régime militaire et des rapports de commandement et d'obéissance, que la loi est établie dans l'armée et que toute intervention de leur part y doit être sévèrement réprimée.

« Que les supérieurs sont responsables à la loi des moyens qu'elle leur a confiés pour maintenir la discipline et le bon ordre, et pour les rétablir lorsqu'ils auront été altérés, et punissables s'ils n'en ont pas fait usage, mais que la loi étant faite, le soin de la faire exécuter doit être réservée aux divers fonctionnaires institués à cet effet.

« En conséquence, l'Assemblée ordonne que les pièces justificatives du rapport de son Conseil seront renvoyées aux ministres, et au surplus qu'il n'y a pas lieu de délibérer. » (1)

Il était impossible de ruiner plus complètement

---

(1) *La Gazette nationale ou Le Moniteur universel*, 7 septembre 1791.

les espérances que les Amis de la Constitution et les soldats de *Rouergue* avaient fondées sur l'Assemblée nationale. Dénonciations, prétentions, menaces, tout s'écroulait. La Constituante feignait d'ignorer la Société populaire, invitait poliment la municipalité à se mêler de ce qui la regardait et, ne voyant dans les pétitionnaires militaires que des mutins, laissait aux officiers seuls, dont le serment était accepté, le soin de maintenir et de rétablir la discipline et le bon ordre.

Au surplus, il n'y avait pas lieu à délibérer.

Bien que n'en connaissant qu'imparfaitement les termes, les Amis de la Constitution crurent devoir s'excuser, auprès des hommes, de ce décret « surprit à la sagesse de l'Assemblée Nationale », et les engager « à l'obéissance envers leurs officier et au respects envers les loi ».

Il était bien temps !

Un membre ayant obtenu la parole engagea les soldats du 58ᵉ regiment à la pais et à la concorde en les assurant que la prochaine léjîslature leur rendroit la justice que la trayzon et l'intrigue leur avoit fait refusé par un decret surprit à la sagesse de l'Assemblée Nationale, les engageant à l'obéissance envers leurs officier et au respects envers les loi.   *

Le départ du régiment n'était plus qu'une question d'heures.

Il appartint au soldat Leriche de se faire l'in-

terprète de ses regrets auprès de la Société. Le
sieur Gidoin, cet autre joli Monsieur, lui répondit.

Apres la lecture du proces verbal Monsieur Leriche, soldat du 58ᵉ Régiment, l'un de nos secretaire, ayant obtenu la parole, fit un discours à la
Société par le quelle ils nous a fortifiez dans l'estime que nous avons toujours eut pour lui et tous
ses braves freres d'armes ; il a temoigné avec
energie le regrets que ses braves freres avoit de
nous quiter. La Societé a arreté que mention honorables en serait fait aux proces verbal.

Monsieur Jidoin fit lecture d'une lettre de Monsieur Férody, président de notre Société, adressé
aux soldats du 58ᵉ régiment par la quelle il leur
temoigne sets regrets pour leurs départs.

(8 septembre 1791:)

On n'avait pas attendu cet échange de congratulations pour recommander le régiment aux frères de Besançon (1) où il se rendait. Dès le 6

---

(1) L'itinéraire du régiment fut changé pendant qu'il
était en marche et il fut dirigé sur Toul et sur Nancy où
il parvint en septembre 1791, qu'il quitta en mars 1792
pour aller à Saint-Avold et Sarreguemines.

« Lorsque les hostilités commencèrent, le 1er bataillon
fut envoyé à l'armée des Ardennes, et le 2ᵉ se renferma
dans Thionville....

« Ce fut pendant le siège de Thionville que Lazare
Hoche, récemment promu à une lieutenance dans le
2ᵉ bataillon de Rouergue, commença à se faire remarquer. et mérita d'être appelé auprès du général Le Ve-
neur de Tillières en qualité d'aide de camp. »

(Général SUSANE : *Histoire de l'Infanterie française*,
IV, p : 274.)

septembre, le Comité de correspondance avait été chargé de ce soin.

Un membre a fait la motion d'ecrire (à nos frè-res) de Besançon pour les instruire du patriotis-me de nos fréres du 58ᵉ régiment et les engager à les recevoir avec toute la fraternité q ie merite leur civisme et leur devouement à la chose publi-que. Arretté que la Correspondance seroit char-gée d'ecrire aux Societés patriotiques des lieux ou ils doivent passer.

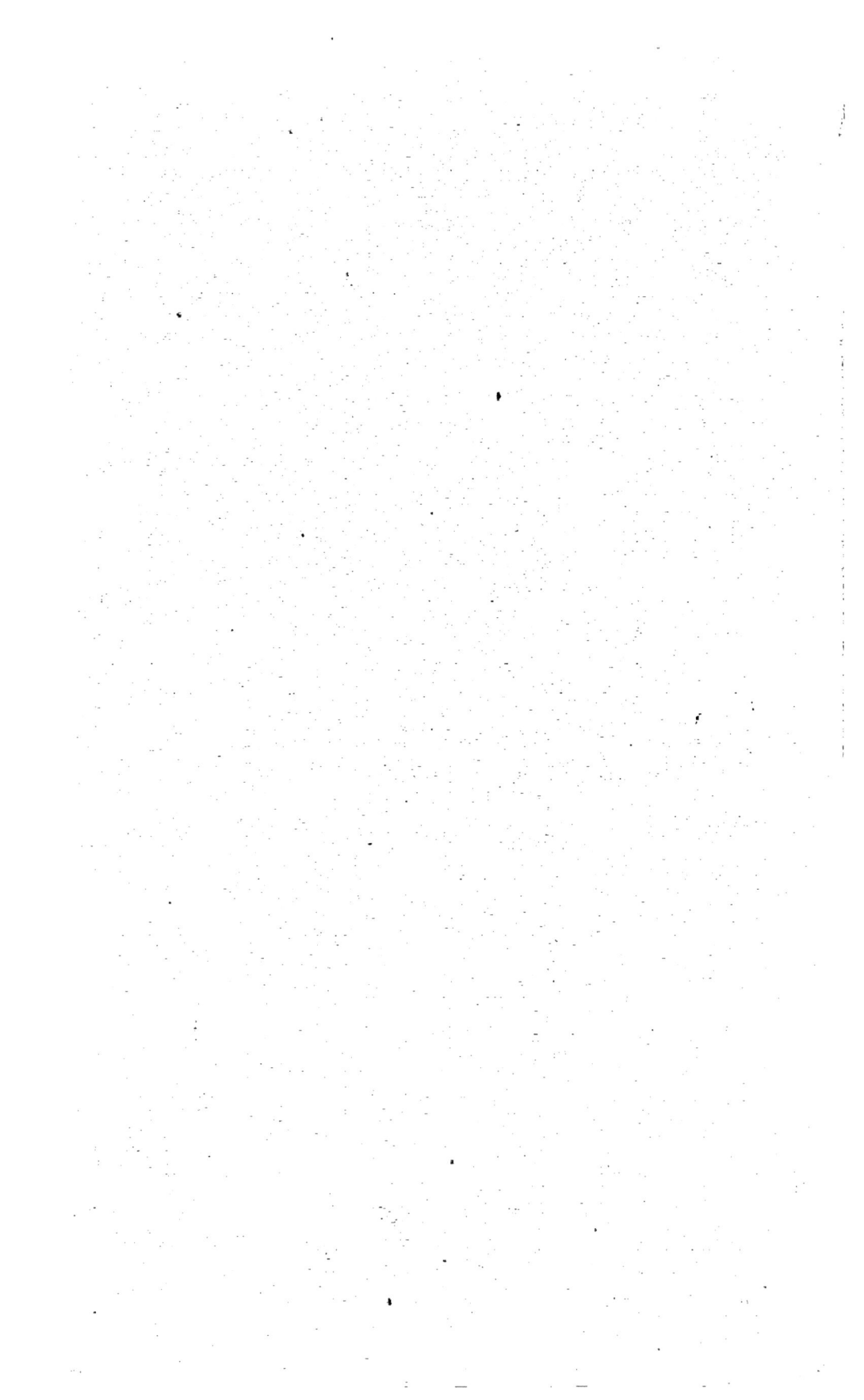

VIII

Après le départ du *Régiment de Rouergue.* **— La Société cherche à dégager sa responsabilité de la mutinerie qu'elle a provoquée. — Les prisonniers passés en consigne à la Gendarmerie. — Une souscription en leur faveur. — « Le sou du soldat ». — Chabot se remue et dénonce à l'Assemblée législative le ministre Duportail. — Discours de Chabot. — Réponse du ministre Duportail. — Les délateurs libérés.**

Ni le général de Chabrillant, ni les officiers du régiment de *Rouergue* ne s'étaient gênés pour dire ce qu'ils pensaient de la Société populaire de Blois et quelle part de responsabilité lui revenait dans la sédition du 27 août.

Lorsque les officiers ne furent plus là pour soutenir ces accusations, dont la lecture des procès-verbaux des séances suffit à établir le bien fondé, les frères de Blois jugèrent bon de s'en laver.

Le 9 septembre 1791, ils prenaient cette délibération :

Un membre ayant obtenue la parole fit un discour relativement au départ du 58ᵉᵐ regiment, faisant la motion qu'il soit fait une petition à l'Assemblée Nationale, tandante à disculper la Société des inculpations faites par Messieurs les officiers du 58ᵉᵐ regiments et que le détails en serait (envoyé) aux patriotes Gorsas et Cara, pour rendre public notre patriotisme et notre inocence.

Le 12 septembre, il était écrit aux *Annales patriotiques* dans ce sens.

(Il est fait lecture d'une lettre)· à· l'autheur des Annales patriotique pour le prier d'incérer dàns son Journal la lettre que la Société lui fait passer portant la vérité des fait de ce qui s'est passé entre elles et le 58ᵉᵐ regiment.

, Par une solution bien moderne, pour mettre fin aux différends qui rendaient difficile à Blois la situation des officiers de *Rouergue*, le ministre de la guerre, cédant aux démarches de Chabot, nouvellement élu député, de Besard, l'homme important de Mer, et de la Société des Amis de la Constitution, avait déplacé le régiment. C'était, d'ailleurs, le soustraire à l'influence pernicieuse des Amis de la Constitution.

Par contre, il avait laissé les choses dans le *statu quo*, en ce qui concernait les quatre délateurs dont la punition méritée avait amené la mutinerie du second bataillon. Le régiment de *Rouergue* en quittant Blois, plutôt que d'emmener avec lui ces fauteurs de désordres, qui, au cours des étapes, pouvaient devenir dangereux, les avait passés en consigne à la gendarmerie qui les gardait prisonniers en attendant qu'une décision fût prise à leur égard.

La victoire des patriotes n'était que relative.

Le 9 septembre, une souscription s'ouvrait en leur faveur. *Le sou du soldat* continuait à fonctionner.

Un membre fit la motion de faire une souscription volontaire en faveur des quatres soldats du 58em regiment détenus en cette ville ; là motion ayant été adoptée et la souscription, les membres presents à la séance se sont empressés de ce faire inscrire et d'acquiter sur le champs leur souscription entre les mains de Messieurs, Metivier, curé, et Kerangal, nomé commissaire à cette egards, lesquels se sont chargés de faire cette distribution journellement, et suivant les besoins de ceux à qui ces secours sont destinés.

En dehors du prêt, les quatre prisonniers touchaient vingt sous par jour de la Société et, grâce à son concierge, semblaient vivre au régime de la pistole. Peut-être n'avaient-ils jamais été aussi heureux ?

Messieurs les commissaires chargés de visiter les freres de Rouergue détenus dans les prison de cette ville ayant pris des information sur les besoin des dit soldat tant à la Municipalité qu'à eux memes, nous ont assuré qu'il jouissoit du pret qu'ils ont coutume d'avoir au service, il a été arrèté que notre concierge leur porterait journellement des comestibles à leur chois jusqu'à la concurrence de vingt sol par jour.

(12 septembre 1791.)

Au ministère, on se rendait si bien compte de la culpabilité d'Orosmane et de ses compagnons que, non content de ne les avoir point relâchés, on semblait les avoir exclus de l'amnistie votée le 15 septembre 1791, en faveur des hommes coupables de délits militaires commis depuis le 1ᵉʳ juin 1789.

On écrivit à Chabot qui n'avait pas attendu l'ouverture de la Législature pour se rendre à Paris, où il s'installa, près de la Madeleine, dans une hôtellerie de la rue Basse-du-Rempart. (1)

Un membre ayant obtenue la parole a représenté qu'il y avoit dans la prison quatre soldats du 58ᵉᵐ regiment d'infanterie et un de Royal Comtois qui y reste détenus malgré l'amnistie. La Societé a arreté que l'on adresseroit une pétition à l'Assemblée Nationale à cet effet et notre frere Liger l'ainné a été chargé de la rédiger et de l'adresser à Monsieur Chabot.

(25 septembre 1791.)

---

(1)Cf : Vicomte de BONALD : *Op. cit.* p : 57.

Le 30 septembre, Chabot écrivait au ministre Duportail, qui, sans doute pour se débarrasser de cet importun et important personnage lui faisait répondre, le 2 octobre, qu'il avait envoyé l'ordre d'élargissement des quatre prisonniers à l'autorité militaire.

La Société, dans la joie de cette bonne nouvelle que le député s'empressait de lui transmettre, en fit aussitôt part à la municipalité, pour qu'elle avisât au prompt élargissement des prisonniers, encore que cela eût peut-être davantage regardé la gendarmerie à qui la garde en était confiée.

Apres la lecture du proces verbal, l'un des secretaires fit la lectures d'une lêtre de notre frere Chabot relativement à la détention de nos freres des troupes de ligne, nous faisant passer une lettre du ministre Duportail sur ce sujets, par laquelle il declare avoir envoyez officiellement leurs elargissements aux officiers commendants de places et de troupes du departement de Loir et Cher.

La Societé a chargé MM. Arnauld et Girault l'ainné de donner connaissance de cette lêtre à MM. les maire et officiers municipaus de cette ville, pour qu'ils avise dans leur sagesse aus prompt elargissement de nos freres d'armes. Les deputes de retour ont certifiez que MM. les officiers municipaus leurs avoit promis que des demain ils signifiroent la lettre dont nous venions de leurs donner connaissance aux soldats détenus pour les engager à prendre patience, en atendant

qu'ils ayent reçue officiellement le dit ordre pour
pouvoir le faire métre à execution.

(6 octobre 1791.) ᐧ

La gendarmerie commença par relâcher le déserteur de *Royal-Comtois*, qui comme prisonnier
avait le plus d'ancienneté et dont la libération,
comme la détention oubliée de tous, ne tirait pas
à conséquence.

Le 14 octobre,ᐧ on libéra le plus coupable des
délateurs, le caporal Orosmane, qui avec ses ga-
lons de caporal — il n'avait pas même été cassé
— et ses vingt et un ans de services, aurait pu
donner un autre exemple.

Le chien passe pour retourner à son vomisse-
ment. Orosmane retourna aux Amis de la Constitution, ces « gens mal intentionnés de la ville,ᐧ
sera-t-il dit à la Législative, qui s'étaient précédemment coalisés avec le bataillon de Rouergue
et qui l'avaient soutenu dans sa révolte » ; les
quelques particuliers, pas très braves, auxquels
fait allusion le procès-verbal de la Municipalité
concernant les événements du 27 août.

On lui fit fête et l'on but probablement du vin
nouveau.

Le lendemain, accompagné de deux d'entre eux,
le drôle eut l'aplomb de se présenter à la gendar-

merie pour y faire signer une pièce et plus encore
pour y réclamer la mise en liberté de ses complices.

Le lieutenant avait une qualité, il n'était pas
causeur et ne cherchait pas à faire de la popula-
rité auprès des hommes.

Très sèchement, couvert par des ordres supérieurs, il se borna à inviter Orosmane à quitter
la ville dans les vingt-quatre heures.

Quant aux camarades, on se garda bien de les
relâcher.

Les quatre compagnies de Bassigny (1) qui
avaient remplacé à Blois le régiment de *Rouergue*
étaient tranquilles, si tranquilles même, qu'aucun procès-verbal des Amis de la Constitution ne
fait allusion à leur présence.

Il n'aurait point fallu qu'à leur sortie de pri-

---

(1) Le *régiment de Bassigny* avait été formé, en 1775,
à Besançon, avec les 2e et 4e bataillons du *régiment d'Au-
nis*.

Tandis que le 2e bataillon de Bassigny était envoyé à
Saint-Domingue, d'où il passait à la Martinique, le 1er,
de Brest gagnait Tours, en juin 1791. Cédant aux influen-
ces extérieures qui démoralisaient l'armée, il s'y mutinait à la suite de la fuite de Varennes et chassait son
colonel, Pierre-Marie de Suffren, marquis de Saint-Tro-
pez, l'un des frères du bailli, qui n'avait pas voulu prêter le serment ordonné par le décret du 22 juin.

Après cette action d'éclat, le 1er bataillon de *Bassigny* semble avoir cherché à faire oublier le gage qu'il

son les quatre compagnons allassent les « travailler » et chercher à réveiller chez elles l'esprit de
révolte qui, quelques mois plus tôt, les avait fait
chasser leur colonel.

Il s'agissait donc, d'abord d'éloigner Orosmane.
Il serait toujours temps de relâcher les autres
quand il serait parti pour tout de bon.

On le fêtait trop à la Société pour qu'il fût pres-
sé de s'en aller. Ici, parmi les frères, il avait l'illusion d'être quelqu'un. De fait il avait été le
principal artisan de la mutinerie du 27 août
et pouvait encore répandre la mauvaise parole
parmi de pauvres diables qui, peut-être, ne demandaient pas mieux que de l'écouter. Il avait
la petite gloriole du meneur. Qu'en resterait-il,
une fois éloigné de la ville qui avait vu éclore et
se dissiper sa mauvaise fortune politique ?

---

venait de donner aux sociétés populaires et à leurs meneurs. Les quatre compagnies détachées de Tours à
Blois furent on ne peut plus tranquilles et se tinrent
en dehors des séances des *Amis de la Constitution.*

En quittant Tours, le régiment de *Bassigny*, commandé par le colonel de Beaussancourt, se distingua, en
1792, à l'armée du Rhin, prit part à la belle défense de
Mayence et après la capitulation de la place, fut appelé
en Vendée, où la « division mayençaise » se montra particulièrement redoutable.

Cf : Général SUSANE : *Histoire de l'Infanterie française.* III, pp : 360-362.

Comme on le peut croire, un diplôme lui avait été accordé, attestant qu'il avait uniquement souffert l'incarcération pour son patriotisme .:

On a delivré un diplôme a notre frere de Rouergue sortis de prison et on y a attestés que c'est uniquement pour son patriotisme qu'il avoit souffert l'incarcération.   •

C'était là un certificat. Orosmane ne devait pas attacher une importance extrême à ce papier : c'est si facile à fabriquer et qui s'inquiétait alors des raisons pour lesquelles on sortait de prison ?

Pourtant, les trois autres y étaient toujours. Le 16 octobre, la Société dénonçait « l'arbitraire du ministre de la guerre ou du sieur Guilly, lieutenant colonel de la Gendarmerie national ».

Il est vrai que ce gendarme aurait manqué d'égards vis-à-vis du sieur Roger Noirest (1) qui au nom de la Société, était venu lui demander la mise en liberté des quatre détenus.

Un membre fit la motion de prendre les plus prompts renseignements sur la prolongation de la detention de nos freres de Rouergue et dénonça l'arbitrairé du ministre de la guere ou du sieur

(1) Le « ci-devant patriote Roger-Noiret », dénoncé lors de l'épuration de Guimberteau pour ses « discours feuillantins ».

Guilly lieutenant colonel de la Gendarmerie national et notamment la maniere incivile et malhonete de ce dernier envers notre frere Roger Noirest qui faisait aupres de lui toutes les démarche qui pouvait interesser en faveur d'un malheureux le cœur d'un bon patriote. La Societé a arreté qu'il serait fait une pétition individuelle aus Département a l'effet de soliciter leur prompts élargissements. M. le President a nomé Messieurs Mainçonier, Moulin Couteau, Métivier, Massot, Moizard, Trinité prêtre et Joulain pour présenter la ditte pétition.

(16 octobre 1791.)

Tandis qu'on se livrait, à Blois, à ces démarches, à Paris, Chabot, gonflé de son importance encore nouvelle de député, mécontent de n'avoir pas vu la lettre un peu évasive du général Duportail suivie d'un effet immédiat et brûlant de jouer un rôle à la Législative, y dénonçait le ministre de la guerre, le 18 octobre, après avoir débuté par cette déclaration sensationnelle :

« .... La loi de l'amnistie n'est pas exécutée. Les seuls patriotes sont dans les fers, tous les aristocrates sont relâchés... »

« Le décret sur l'amnistie, clamait Chabot, est déclaré depuis longtemps dans le département de Loire et Cher (sic) : cependant quatre soldats sont encore en prison pour avoir dénoncé leurs offi-

ciers. Voilà un délit militaire. J'ai écrit au ministre de la guerre en vertu d'une commission que
j'en avais... »

Mais, il n'était plus aux Amis de la Constitution, le cas des quatre soldats de *Rouergue* ne
passionnait pas l'Assemblée qui, déjà, flairait un
raseur sous l'ancien capucin. Des murmures s'éle-
vèrent, des voix réclamèrent l'ordre du jour.

Chabot n'était pas homme à se laisser désarmer
par ces marques d'improbation, imperturbable, il
continua :

« Le ministre me répondit le 30 du mois dernier, que les soldats pour lesquels je m'intéres-
sais devaient être élargis, ou qu'ils le seraient
bientôt, parce qu'il avait donné des ordres ; cependant ils ne le sont pas encore, parce que les
chefs attendent une contre-révolution pour les
immoler. Je demande que le ministre de la guerre
rende compte de ce fait. » (1)

C'était bel et bien une interpellation. Le général Duportail ne sembla pas s'émouvoir outre mesure.

Dans une lettre lue, le lendemain 19 octobre, à
la tribune par l'un des secrétaires, il expliquait

_____

(1) *Gazette nationale*, 19 octobre 1791.

comme quoi la loi d'amnistie décrétée le 14 septembre, lui était seulement parvenue officiellement le 28. Il n'avait donc pas pu aviser plus
tôt les colonels de la gendarmerie et les commissaires ordonnateurs des guerres de ces dispositions, afin d'en faire jouir toûs les militaires qui
sont dans le cas d'y participer.

Après avoir tracé un tableau lamentable de
l'état d'indiscipline dans lequel était tombée l'armée, le ministre de la guerre ajoutait en ce qui
touchait les soldats de *Rouergue* :

« Au reste la date des informations reçues fut-
elle très récente, il ne me paraît pas qu'on put
accuser personne, car le commandant militaire et
le commissaire ordonnateur ne résident pas à
Blois ; ils pouvaient être en tournée. Il est à propos d'observer que cette division comprend cinq
départemens.

« Au surplus, je vérifierai si l'exécution du décret d'amnistie a souffert quelque retard par la
faute d'aucun des officiers qu'elle concerne. » (1)

Après cette lettre du ministre de la guerre, il
n'y avait qu'à se taire et à attendre les résultats
de l'enquête annoncée. Cela n'aurait point fait
l'affaire de Chabot : il avait son dossier et son
discours préparés, il s'était fait fort, auprès de

---

(1) *Gazette nationale*, 20 octobre 1791.

son comité... non, de sa société, d'interpeller et il interpella.

A parler franc, l'éloquence de Chabot n'amoindrirait ni ne hausserait le niveau de nos assemblées parlementaires. La langue est mauvaise, évidemment : abonde en solécismes, ne recule pas devant quelques images osées et ne sait pas toujours exactement la valeur des mots, confondant, avec un à-propos charmant — à moins que ce ne soit une « rosserie » avant le mot de la *Gazette nationale ?* — *l'insolvabilité* et *l'inviolabilité* d'un député.

Mais, n'est-ce pas là le français tel qu'on le parle ?... à la Chambre du moins. Combien de néologismes fangeux et d'incomparables fautes de français ne devons-nous pas aux rostres du Palais-Bourbon ?

Chabot ne déparerait pas la collection de nos fantoches les plus réputés. Tantôt jovial, tantôt ému, à côté du couplet filé, le couplet Orosmane, il a le coup de gueule des grands tribuns, la violence préparée à froid et débitée avec feu, le mot de la fin à l'emporte-pièce.

Si des murmures s'élèvent, si des voix demandent un rappel à l'ordre, il saura faire une pirouette et profiter d'une interruption pour expliquer et dénaturer sa pensée.

Qu'importe, il est heureux et satisfait de son

effet. Du haut de la tribune française, il aura insulté l'armée et traité ses chefs de « scélérats ».

Chabot est bien moderne et mûr pour chanter le los des milices nationales et de la fraternité des peuples. Il est l'arriviste banal qui, sottement pour satisfaire ses besoins et ses appétits, se compromettra et sombrera dans une affaire d'argent.

Impavide, insensible aux chuchotements qui accueillent son apparition, Chabot monte à la tribune pour répondre au ministre de la guerre et pour le dénoncer. A dénonciateurs, dénonciateur et demi. Il est plein de suffisance, plein d'inconscience, plein de son sujet.

« *M. Chabot*. — Malgré les imputations qui m'ont été faites, j'ai eu hier le courage de signer ma dénonciation, je viens aujourd'hui en apporter les preuves. Voici d'abord une déclaration signée par deux citoyens actifs de la ville de Blois.

« Nous soussignés certifions nous être transportés chez M. Bellay, lieutenant colonel de la gendarmerie nationale, pour le prier de signer une demande de M. Orosmane, l'un des quatre soldats détenus à Blois, qui venait d'être élargi, il répondit qu'il ne voulait pas ; au contraire il ordonna à Orosmane de sortir de la ville dans les vingt-quatre heures, disant qu'il avait des ordres du ministre ; en conséquence Orosmane lui remarqua que la manière dont on le chassait lui faisait perdre vingt-un ans de services militaires, et que le seul crime qu'on avait à lui reprocher, était de s'être montré patriote ; M. Bellay lui répondit qu'il n'avait pas le temps de lui dire autre chose, sinon qu'il eut à sortir de la ville. De plus, nous certifions qu'aujourd'hui 17 octobre, les trois autres soldats détenus pour la même raison qu'Orosmane sont encore en prison. »

« Que porte le décret d'amnistie ? Indubitablement que les soldats détenus pour délits militaires, quels qu'ils soient, doivent être mis en liberté. Que fait, non pas le ministre, car je crois qu'il a écrit la lettre qu'il vient de vous communiquer, mais son agent ? Au lieu de mettre les quatre soldats en liberté immédiatement après avoir reçu l'ordre, il prolonge arbitrairement leur détention. Le 17 octobre trois d'entre eux étaient encore en prison, le quatrième avait été mis en liberté le 14 mai (?) Comment ? un ordre du ministre, *un ordre du ministre !* dit M. Bellay, lui ordonne d'évacuer la ville dans les 24 heures. Je vous demande à vous tous qui m'entendez de consulter votre conscience, et de dire... (*Plusieurs voix :* La preuve !) Je déclare que je suis ici pour dénoncer cet homme, et jusqu'à ce que vous ayez avalé jusqu'à la dernière goutte de la lie, je n'en démordrai pas. Les citoyens qui ont fait la déclaration que je viens de lire sont des hommes excellens patriotes, citoyens actifs, citoyens éligibles à la législature dans l'ancien régime, et ils répondent de leur déclaration.

« Maintenant je dis : ou l'ordre a été donné à M. Bellay, ou non. Si l'ordre n'a pas été donné, le devoir du ministre sera de faire rendre compte à M. Bellay ; et je crois qu'au moins, le plus court serait de le faire casser de sa place. Si le ministre est compromis, il doit absolument venger son honneur attaqué par le propos de M. Bellay. Maintenant je me demande pourquoi le ministre ou son agent a fait sortir seulement Oros-

mane, que j'ai seul nommé dans ma lettre, parce
qu'il était le seul dont je connusse le nom. Je demande pourquoi trois jours après, les trois autres
soldats n'étaient pas élargis, puisqu'ils devaient
l'être en même temps qu'Orosmane. (*Plusieurs
voix :* La preuve.) Vous voulez des preuves de la
municipalité ; cependant vous savez qu'une loi
défend aux municipalités de s'immiscer dans les
affaires militaires, et vous voudriez qu'on eut
commis un délit pour le plaisir de dénoncer un
ministre. La municipalité n'a point de preuves à
donner dans cette affaire ; mais il y a plusieurs
officiers municipaux parmi les 47 signataires du
mémoire que je vais vous lire.

« M. Chabot fait lecture d'un mémoire en date
du 29 septembre, signé par 47 citoyens de Blois
qui réclament contre la détention de quatre soldats détenus à Blois, prolongée malgré la publi-
cation de la loi d'amnistie, et qui se plaignent du
contraste qu'ils ont remarqué entre la promptitude de l'envoi des décrets de sévérité et la lenteur
des ordres qui doivent procurer l'exécution aux
décrets favorables aux soldats.

« *M. Chabot.* — Ayant reçu cette dénonciation
j'ai écrit au ministre de la guerre une lettre en ces
termes : « J'ai reçu une dénonciation contre l'inexécution de la loi sur l'amnistie. Dans un moment où la constitution est acceptée par le roi,
et où elle promet de faire le bonheur des Français, si elle est exécutée, il est nécessaire que les
amis de l'ordre travaillent à obtenir au pouvoir
exécutif la confiance dont il a besoin, je vous
envoie donc la dénonciation qui m'est parvenue.
Je préfère ce moyen à celui de donner sur le
champ une publicité dans l'Assemblée nationale.
J'espère que pour ne pas me mettre en butte (*sic*)
avec mes commettans, vous voudrez bien ordon-

ner l'élargissement des quatre soldats détenus à
Blois, ou me donner la connaissance des motifs
de la prolongation de leur détention. ,

« J'ai l'honneur d'être très patriotiquement &c

« Le ministre me répondit le 2 octobre, à peu
près en ces termes :

« J'ai reçu votre lettre en date du 30 ; je n'ai
reçu le décret concernant l'amnistie que le 28, je
l'ai expedié aussitôt aux commandans des troupes. Les citoyens-soldats pour lesquels vous vous
intéressez doivent être élargis ou ne tarderont pas
à l'être. »

« J'envoyai cette lettre aux auteurs de la dénonciation. Ils me répondirent qu'une loi rendait toutes leurs démarches, auprès de la municipalité,
infructueuses, et que le 17 le décret n'avait pas
encore été exécuté. Je me déterminerai en conséquence à vous en faire la déclaration et vous ve-
nez d'entendre l'attestation de deux citoyens dont
je me rends caution en me dépouillant de mon ca-
ractère d'insolvabilité (sic). Le ministre vous a dit
dans sa lettre que peut-être les chefs étaient en
tournée ; ici vous voyez que le commandant de
la gendarmerie était à Blois : je demande pourquoi il a fait sortir un seul des soldats, tandis
qu'ils partagent tous les quatre le même crime
d'avoir dénoncé leurs officiers comme perturbateurs, comme prédicateurs de contre-révolution,
et ayant refusé de prêter le serment. Pour ce crime il a obligé ce malheureux à sortir des prisons
de Blois, mais à avoir tout l'univers pour prison,
excepté la ville de Blois. •

« Je le dis avec vérité, ce citoyen est dans un
état plus douloureux à son âme que s'il eut commis les plus grands crimes ; il a été honteuse-
ment chassé d'un régiment dont il était l'idole
par ses vertus et ses lumières ; il a été chassé

d'une ville dans laquelle il était l'objet de l'estime
et de la vénération publique, parce qu'on connaissait les lumieres et l'énergie patriotique de ce
soldat, qui, peut être, ferait bien mieux à la tête
de son régiment, que ceux qui l'ont expulsé. Il est
dans une véritable prison, puisqu'il n'est pas à la
place où son cœur le porte ; voilà comment on
exécute la loi. Je conclus à ce qu'enfin l'Assemblée nationale ouvre les yeux sur l'armée de ligne
que des scélérats ont commandé jusqu'ici. (*Les
tribunes applaudissent. Il s'élève beaucoup de
murmures dans l'Assemblée.*) Je conclus à ce que
l'Assemblée nationale se constitue la vengeresse
de toutes ces iniquités, et à ce qu'elle oblige le ministre de la guerre de rendre compte des motifs
de l'inexécution de la loi.

« *Plusieurs membres demandent que M. Chabot soit rappelé à l'ordre.*

« M..... — Que M. Chabot apprenne que les
scélérats sont à Coblentz, et que ceux qui com-
mandent en ce moment l'armée ne sont pas des
scélérats.

« *M. Chabot.* — Eh bien ! je demande d'être
rappelé à l'ordre, si cela est nécessaire pour la
tranquillité de l'Assemblée ; mais j'observe que
quand j'ai parlé de scélérats ce sont ceux qui sont
à Coblentz que j'ai voulu désigner. » (99 *bis*).

Chabot avait dépensé en vain beaucoup de sa-
live. Sans discussion presque, l'Assemblée, las-
sée par ce réquisitoire, ordonnait le renvoi de la
dénonciation et des pièces qui y étaient jointes au
Comité militaire. — L'enterrement d'ultime clas-
se.

A Blois, les Amis de la Constitution recevaient une lettre de Chabot leur faisant part de la dénonciation qu'il avait adressée à la Législative contre le ministre de la guerre, et, après une démarche infructueuse auprès du général de Rochedragon (1), décidaient de s'y associer.

Un membre de la Société luy ayant rappelé (au président) que trois (2) de nos freres du 58ᵉ régiment etoïent toujours détenus en prison malgrés les efforts réitérés de notre frére Chabot, il a été arrété qu'on adhéreroit à la denonciation de Mr Duportail, dont l'injustice des procédés se manifeste de plus en plus et qu'en renvoyant sa lettre à notre frére Chabot on luy feroit part de tout ce qui sait passé dans cette malheureuse affaire. La Société sur la motion qui en a été faite par un membre, a arreté qu'avant de proceder plus avant on tenteroit une nouvelle voie de conciliation en envoyant une deputation à Mr Rochedragon, pour savoir de luy les motifs de la prolongation des soldats de Rouergue.

Mr le President ayant nommés quatre commissaires, la députation s'est transporté chez ledit général et en a rapportés les reponses suivantes, qu'il falloit de nouveaux ordres du Ministre, à l'effet de l'élargissement des dits prisoniers, et

---

(1) Le général de Rochedragon figurait encore comme colonel sur l'*Etat militaire* de 1791 et commandait le 1er régiment d'infanterie, ci-devant *Colonel-Général* à Dunkerque. Sa promotion est postérieure à l'impression de l'annuaire.

(2) M. de Féraudy.

aussi il a demandés que les citoyens répondissent
d'eux apres leur sortie ; un des secrétaires a été
chargés de relater les dittes réponses et faits a
notre frere Chabot. Ce qui a été exécuté aussitôt,
et envoyés à Paris par le courrier du jour.

Ensuite on a fait lecture d'une lettre de notre
frère Chabot, qui donne avis à la Societé qu'il
vient de dénoncer Mr Duportail à l'Assemblée
relativement à nos frères du 58ᵉ régiment détenus
en prison de Blois... Il termine sa lettre par demander la lettre de Mr Duportail pour luy servir
de preuve dans la dénonciation qu'il a faite à
l'Assemblée Nationale, laquelle paroit le désirer.
pour plus ample conviction.

(20 octobre 1791.)

Chabot comptait ne pas lâcher le morceau et
forcer le ministre à se justifier, ou à s'avouer
vaincu.

Mr le Président a ensuite donné lecture d'une
lettre de notre frère Chabot, dans laquelle il rend
compte à la Société de tout le zêlé qu'il mettras
dans l'affaire de nos frères de Rouërgue et qu'il
forceras le ministre Duportail où à se justifier ou
à s'avouer coupable, ou à etre déclaré tel par l'Assemblée Nationale.

(21 octobre 1791.)

Ne doutant de rien, surtout de lui-même l'ancien capucin, ne se contentait pas d'être galant
avec les femmes ,— déjà on le disait au mieux

avec une ancienne femme de chambre de Mme
Adelaïde, à qui la Révolution avait rendu la liberté de son corps et de son cœur (1). — Il possédait d'instinct les roueries et le jargon d'un parlementaire depuis longtemps formé aux intrigues
et aux conciliabules des couloirs et des groupes.

Il « capucinait » à la Législative et il « capuci-
na » à la Convention. Aujourd'hui, il serait des
illustres inconnus que l'on voit surgir à la tribune, aux jours de crise, pour interpeller un ministre et qui, parfois, suffisent à le faire tomber.
Ces pelures d'orange sur lesquelles on glisse.

Maintenant, il cherchait des « petits papiers »
pour étayer sa « lutte intéressante et loyale » et
tâcher de perdre son adversaire. Ce défroqué était
un précurseur.

On a ensuite fait lecture de deux lettres de notre frere Chabot. Dans la premiere ce cher frere

---

(1) Mlle Des Coings, qui, outre ses charmes person-
nels, possédait 3.000 livres de rente auxquelles Chabot
ne devait pas rester insensible, car ses besoins étaient
grands.
Le temps était passé de la soutane crasseuse des Amis
de la Constitution. Si, à la Législative et à la Convention, Chabot affectait la tenue austère et négligée d'un
démocrate, c'était là une livrée qu'il avait vite fait de
dépouiller en rentrant chez lui, où, pour recevoir les
belles solliciteuses, il ne méprisait pas les élégances
d'un petit maître de l'ancien régime.

nous invite à luy faire part des certificats authen-
tiques de la détention des trois compagnons d'O-
mane, soldat du 58e regiment, et aussi de l'exil
qui leurs a été annoncé et ordonné par les execu-
teurs des ordres des chefs de la discipline militaire, promettant de s'en servir avec fruit dans
la lutte intéressante et loyale qu'il a entrepris
contre le ministre ou ses ayants cause.

(25 octobre 1791.)

La Société populaire de Blois avait trouvé *le
sou du soldat*, avec les exécuteurs de la discipline
militaire, ne sent-on pas poindre le « bagne militaire » et autres gentillesses auxquelles nos oreilles ne sont que trop habituées. Déjà on sentait
venir les temps heureux de l'antimilitarisme. Chabot ne prêchait pas dans le désert. A côté des
illettrés qui étaient le nombre, le club comptait
des primaires comme Arnaud, Velu et Blin-Pâris
(1) pour recueillir la bonne parole et la répandre. L'instruction des jeunes citoyens était en
bonnes mains.

La libération des prisonniers était proche, cependant. L'autorité supérieure leur avait fait connaître le lieu d'exil qu'elle leur fixait. Moins l'exil
qu'une interdiction de séjour : il était bon de les

_____

(1) Ce Blin-Pâris, instituteur, devait être nommé par
Guimberteau assesseur de la justice de paix.

éloigner de tout corps de troupe où ils auraient
pu exercer leurs menus talents de saboteurs.

La réponse du général Duportail allait mettre
fin à cette comédie.

Le 26 octobre 1791, l'un des secrétaires de la
Législative donnait à l'Assemblée lecture de cette
longue lettre du ministre de la guerre. Le général faisait mieux que se justifier. Avec une lumi-
neuse clarté, il résumait l'historique de cette très
petite « affaire », à laquelle Chabot et ses amis
avaient cherché a donner une importance qu'elle
n'avait jamais eue.

Tout le monde, sauf les mutins, les délateurs
et leurs complices, avait fait son devoir. Les officiers de gendarmerie, en particulier, étaient à
féliciter pour la prudence qui leur avait fait sur-
seoir à l'élargissement des prisonniers.

Ils étaient libres, d'ailleurs, la prison de Blois
était débarrassée de ce laissé pour compte du régiment de *Rouergue.*

Malgré sa longueur, la lettre du général Duportail est à reproduire en entier. Elle remet les choses au point et jointe aux procès-verbaux de la
Société des Amis de la Constitution de Blois, elle
en fait mieux comprendre le rôle et suivre de
plus près l'action malfaisante.

« J'ai eu l'honneur d'écrire à l'Assemblée na-

tionale, le 19 de ce mois, que je me ferais rendre
compte des raisons qui avaient suspendu l'exécution du décret de l'amnistie à l'égard des quatre soldats de Rouergue, détenus dans les prisons de Blois : ces informations me sont parve-
nues hier, et j'espère que l'Assemblée voudra
bien m'accorder quelques momens pour les lui
communiquer.

« Pour bien éclairer cette affaire, je vais d'a-
bord donner ici une copie de la lettre circulaire,
écrite le 29 septembre, à tous les colonels de la
gendarmerie nationale.

« Il a été rendu, Monsieur, le 15 de ce mois,
une loi qui accorde une amnistie générale à tout
homme de guerre, prévenu, accusé ou convaincu de délits militaires. Les soldats détenus sur
l'accusation de désertion devant en jouir, vous
voudrez bien donner des crdres pour faire élargir ceux qui sont en prison dans les départements de votre division. Il paraît convenable de
leur remettre des certificats qui constatent qu'ils
ont joui de l'amnistie, afin d'empêcher qu'ils ne
soient arrêtés en route en se rendant chez eux.
Ces certificats leur serviront en outre à recevoir
trois sous par lieue qu'il a paru nécessaire de
leur faire payer pour leur subsistance, de crainte
que la misère et le manque absolu de ressources
ne les portassent à commettre des excès en chemin. Je joins ici des imprimés destinés à cet usage, que vous ferez passer aux différens officiers
de votre division, en quantité proportionnée au
nombre des prisonniers qu'ils pourront avoir à
faire élargir. Vous leur indiquerez en même
temps toutes les précautions que vous jugerez
les plus propres à prévenir tout inconvénient dans
l'application de la loi dont il s'agit. Ainsi, quand
il y aura beaucoup de militaires réunis dans une

même prison, il faudra n'en faire sortir que deux
ou trois ensemble, et remettre l'élargissement des
autres aux jours suivans, afin de prévenir les
dangers, ou du moins les inquiétudes qu'occa-
sionnerait leur rassemblement. Dans ce cas, il
sera juste de donner la préférence à ceux qui
auront été arrêtés les premiers. Je m'en rapporte
à vous pour envoyer aux officiers de votre division, les instructions de cette nature que les circonstances rendront nécessaires.

« Vous aurez soin de vous faire informer exactement de tout ce qu'ils auront fait pour l'exécution de l'article IV de la loi du 15 de ce mois, et
vous m'enverrez un état d'après les comptes rendus contenant les noms des prisonniers élargis
des régimens dont ils étaient déserteurs, et des
prisons où ils étaient détenus, ainsi que la date
de leur sortie de ces mêmes prisons. »

« J'ose croire, M. le président, que les mesures
et précautions indiquées par cette lettre paraî-
tront convenables et telles que les circonstances
l'exigent. Voici les faits suséquens.

« Le lieutenant de la gendarmerie du département de Loir et Cher a envoyé au lieutenant de
Blois l'ordre de mettre en liberté les soldats détenus dans les prisons, en lui recommandant de se
conformer aux dispositions prescrites par ma lettre, surtout de ne pas les faire sortir tous à la
fois. Le lieutenant a d'abord fait sortir un déserteur de Royal Comtois, ensuite un caporal du régiment de Rouergue. Ici je vous prie, M. le président, de vouloir bien vous rappeler que l'Assemblée nationale constituante avait été dans le tems
informée par son Comité militaire de l'insurrection d'un bataillon de Rouergue, à son passage
à Blois. Il est à remarquer que les quatre soldats
qui ont donné lieu à la dénonciation faite à l'As-

semblée nationale, étaient regardés comme les principaux auteurs de cette insurrection. Une cour martiale avait été demandée contre eux, mais il résulte des procès-verbaux faits par la municipalité même qu'il aurait été dangereux et impraticable de tenir cette cour martiale ; il fut donc jugé plus convenable de faire partir le régiment ; mais ses chefs étant persuadés que s'ils emmenaient ces quatre hommes il était fort à craindre qu'ils n'entretinssent l'insurrection de la troupe, et qu'elle ne se portât dans la route aux plus grands désordres ; ils les laissèrent à Blois dans les prisons.

Je reprends l'ordre des faits : L'officier de la gendarmerie nationale ayant mis en liberté, ainsi que je l'ai dit, le caporal de Rouergue, sut bientôt que cet homme avait été retrouver des gens malintentionnés, de la ville, qui s'étaient précédemment coalisés avec le bataillon de Rouergue, et qui l'avaient soutenu dans sa révolte. Fort de ce secours, ce soldat refusait de partir, et paraissait vouloir faire la loi. Le lieutenant de la gendarmerie craignit alors que s'il rendait la liberté aux trois autres, ces hommes réunis n'occasionnassent de plus grands désordres, et surtout qu'ils ne cherchassent, ce sont les termes mêmes de la lettre du commandant de la gendarmerie, *à corrompre les quatre compagnies de Bassigny, détachées à Blois, qui y sont fort tranquilles.*

« En conséquence il crut devoir suspendre l'exécution des ordres qu'il avait reçus, pour en demander de nouveaux à son chef, qui s'est lui-même adressé à moi pour savoir la conduite qu'il avait à tenir.

« C'est ainsi M. le Président, que les choses se sont passées et j'ose espérer que l'Assemblée nationale trouvera que chacun a fait son devoir en cette occasion. Il semble bien que les officiers de la gendarmerie nationale ont donné une extension trop grande aux ordres qu'ils avaient reçus de moi ; je leur recommandais, à la vérité, de ne pas faire sortir à la fois un grand nombre de prisonniers, ils ont cru ne devoir les faire sortir qu'un à un ; mais ce qui arrivait ne justifie-t-il pas cette précaution ? Leurs motifs sont évidemment bons, leurs intentions vraiment louables ; et chacun, je crois, s'étonnera que ces faits aient pu être interprétés, présentés d'une façon aussi infidelle et aussi injuste qu'ils l'ont été.

Au surplus, M. le président, je reçois la nouvelle que les quatre soldats sont maintenant en liberté. » (1)

L'incident était clos. Le ministre de la guerre avait fait mieux que se justifier, il avait couvert ses subordonnés. C'est le rôle d'un chef, mais il est assez souvent oublié, quand viennent l'heure et la crainte des responsabilités, pour qu'on en puisse savoir gré au général Duportail.

Cependant, dans le silence de l'Assemblée, une voix s'éleva, celle de Chabot :

— « Je demande que cette lettre soit imprimée.»

Des murmures accueillirent cette proposition. A quoi rimait-elle ? Que restait-il de la dénonciation du capucin en dehors de l'insulte gratuite

_____

(1) _La Gazette nationale_, 28 octobre 1791.

que du haut de la tribune il avait, huit jours plus
tôt, jetée aux chefs de l'armée ?

Son effondrement n'était-il pas assez complet,
voulait-il, à son tour, boire le calice jusqu'à la
lie ?

Quant aux prisonniers, une fois libérés, leur
premier soin fut d'adresser aux Amis de la Constitution de Blois une lettre de remerciement. Il
en fut fait mention au procès-verbal et il ne leur
fut même pas répondu.

La Société n'avait plus besoin de leurs services.

IX

**Les troupes de passage. — Toujours les « fiches ».
— Des cavaliers patriotes. — Un régiment qui
a la cote d'amour. — Où la politique va-t-elle
se loger ? — Un dragon qui sait parler aux
Sociétés populaires comme elles le méritent.**

La police des Sociétés populaires était bien faite. Un déplacement de troupes ne pouvait avoir
lieu sans que, de ville à ville, les Amis de la
Constitution ne se transmissent la « fiche » des
nouveaux arrivants.

Il ne s'agissait pas seulement de gagner les hommes de la garnison. Il était important d'attirer les
troupiers de passage, de leur faire oublier, en les
grisant de paroles, la discipline du coude à coude,
la fatigue et l'ennui de la route.

Les discours changeaient peu, mais ces visites
amenaient à la Société de nouveaux visages, ce
qui est toujours une distraction. Puis, cela per-
mettait au président de faire avec les visiteurs assaut d'éloquence et tout ce monde-là aimait à
pérorer.

En outre, le club avait des archives : n'était-ce pas un moyen de les enrichir par les renseignements que les Sociétés sœurs ou que les hommes donnaient sur leurs officiers.

Jamais direction du personnel n'a peut-être possédé dossiers aussi complets. Le ministre de la guerre s'il eut été plus dans le mouvement, n'aurait eu qu'à se renseigner auprès des Sociétés sur ses officiers.

Ainsi, il aurait appris, des frères de Poitiers, le mauvais esprit du 6ᵉ régiment de cavalerie, — ces aristocrates que les patriotes de Blois projetaient de régaler du *Ça ira*, et le « patriotisme point équivoque » du seizième de l'arme (1).

Un de nos secrétaires a lu ensuite une lettre de nos freres de Poitiers qui nous donnent avis de l'arrivée du 16ᵉ régiment de cavalerie dans notre

---

(1) Ancien régiment de gentilshommes qui, jusqu'en 1761, où il prit le nom de *Royal-Lorraine*, avait porté celui de ses mestres de camp successifs.

Le 16ᵉ régiment de cavalerie qui venait de Niort, de Châtellerault et de Saint-Jean d'Angély, se dirigeant sur Givet, avait pour colonel, lors de son passage à Blois, le vicomte Armand de Rouault, à qui devait succéder, dans la semaine, Boniface-Louis-André de Castellane remplacé à son tour, moins de deux mois plus tard, par M. Jean-Baptiste de Thumery, lieutenant-colonel, avec M. de Corbier, du Royal-Lorraine, sur l'*Etat militaire* de 1791.

Cf : Général SUSANE : *Histoire de la Cavalerie française*. II, pp : 115-122.

ville et nous engagent à les recevoir comme de braves freres dont le patriotisme n'est point équivoque.

(6 septembre 1791.)

Tours confirmait ces bons renseignéments, certifiant le « sivisme » non seulement des hommes, mais des officiers :

L'un des secrétaires fit lectures d'une lettre de Tours par la Societé des Amis de la Constitution qui nous assure du sivisme des officiers (et) soldats du seizième regiments de cavalerie.

(8 septembre 1791.)

Officiers et hommes vinrent, en effet, fraterniser, le lendemain, — c'est ça qui donne une crâne idée de la discipline — à la séance des Amis de la Constitution de Blois et un cavalier voulut bien y constater le « civisme » des officiers :

Un soldats du seizieme regimaent de cavalerie fit un discour qui constate le civisme qui anime tous les officiers et soldats du regiment. La Societé a arreté que mention en serait faite en son proces verbal.

Après quoi il leur fallut subir un discours de Chabot. Ils n'avaient que ce qu'ils méritaient !

puis, il n'y avait pas une semaine que le capucin
était député : son genre pouvait encore avoir,
pour certains, le charme de la nouveauté.

Monsieur Chabaut fit un discour, dans lequel il
a fait l'eloge de MM. les officiers et soldats du
seizieme regiment de cavalerie dont la conduite
dans cette ville ne laisse aucun doute sur la pureté de leur patriotisme.

(9 septembre 1791.)

Le 11 septembre, le régiment de *Poitou* (1),
devenu le 25° d'infanterie, donnait des preuves
non moins douteuses de son patriotisme.

---

(1) Formé en 1616, le *régiment de Poitou* avait eu
pour premier colonel le comte d'Hôtel (César de Choi-
seul du Plessis-Praslin) et avait pris, en 1682, le nom
de *régiment de Poitou.*

Dédoublé en 1773, il forma avec ses 2e et 4e bataillons
le *régiment de Bresse* tandis que les 1er et 3e continuè-
rent celui de *Poitou.*

A Nantes, où il était arrivé en mars 1789, commandé,
depuis le 10 mars 1788, par le marquis de Saint-Chamans
de Rébenac, ce fut un des corps où il se passa « le plus
de faits regrettables », au point qu'il faillit être licencié.

« Egaré par des meneurs, il chassa ses officiers et osa
même détenir en prison comme otage son lieutenant-
colonel. Cependant, menacés des décrets de l'Assemblée,

Celui des officiers était complet et n'était même pas san: prêter à rire. Invité par son billet de logement à descendre chez un chevalier de Saint-Michel, l'un d'eux n'hésita pas à s'enquérir des opinions de son hôte avant d'y faire porter sa cantine, préférant, si elles étaient contraires aux siennes, aller coucher à « l'oberge ».

Affaire de goût, s'il préférait, cet homme, la punaise démocratique au drap blanc, bien tiré, d'un aristocrate.

La Société se pâma jusqu'à l'attendrissement devant la marque d'un tel patriotisme.

Un membre obtin la parole pour complimenter les braves freres d'armes du vingt cinquième re-

---

les soldats rentrèrent dans le devoir et envoyèrent un acte de soumission et de repentir, accueilli avec indulgence le 7 septembre 1790. »

L'indulgence était de trop, mais l'Assemblée nationale la prodiguait sans compter.

L'on ne s'étonnera, après cela, de l'accueil que le régiment de *Poitou* devait recevoir des Sociétés populaires. Son patriotisme n'était pas douteux : il en avait donné des preuves.

Venant de Landernau et des Sables-d'Olonne, en s'arrêtant à Orléans, le 25e régiment, lors de son passage à Blois, se dirigeait sur Verdun.

Cf : Général Susane : *Histoire de l'Infanterie française*, III, pp : 262-286.

giment d'infanterie si devant Poitou, présent à
notre séance. (Vivement aplaudy.)

Un membre dona la connaissance d'une anec-
dote arivé hier dans le regiment de Poitou par un
officié dudit regiment dont le logement était des-
'tiné chez Monsieur Gendrier (1) chevalier de
Saint-Michel, s'informa à Monsieur Joulin si le
sieur Gendrier etait patriote, parce que dans le
cas ou il ne le serait pas il irait loger à l'oberge.
(Vivement aplaudi.)

Cet « officié » devait parler haut, avoir le tutoie-
ment facile, aimer à boire et à politiquailler. Il ne
dut pas quitter Blois sans avoir été initié par ce
benêt de Chevalier-Lerond ou l'inquiétant Doublot, au goût des vins blancs de Sologne et aux
mystères de la « chouine ». (2)

Le patriotisme des hommes n'avait rien à envier à celui des officiers. Ils possédaient égale-

---

(1) Ce M. Gendrier devait être Dié Gendrier, inspec-
teur général des Ponts et Chaussées, baptisé à Saint-Dié-
sur-Loire le 12 décembre 1705, anobli par lettres royales,
en octobre 1770, et reçu, le 8 mai 1773, dans l'ordre de
Saint-Michel.

Cf : Louis de GRANDMAISON : *Essai d'Armorial des Artis-
tes français, XVIᵉ-XVIIIᵉ siècles.* (Paris, H. Champión,
1904, in-8.)

(2) Le jeu de cartes classique des fermiers et des
paysans du Perche. Il n'est marché, ni élection qui se
puisse conclure sans quelques parties de « chouine »
auxquelles les malins joignent le « truc ».

ment l'art de la parole et le bruit des applaudissements était doux à leurs oreilles.

Un soldat du vingt cinquieme regiment ci devant Poitou, a fait un discour rempli du patriotisme le plus pur, ce qui a merité les aplaudisse-
ments de toute la sale. On a arreté que mention
honorable en seroit faite au procès verbal.

Ces réceptions manquaient réellement trop de
variété et se renouvelaient trop souvent pour qu il
y ait intérêt à en multiplier les comptes rendus.
Visiteurs et sociétaires faisaient assaut du « plus
pur patriotisme » — la formule ne variait guère —
et ce serait courir le risque de se répéter sans tirer
de ces citations aucun enseignement et nul plaisir.
Seuls, beaucoup plus tard, en 1794, quelques
dragons vinrent jeter un peu d'imprévu, dont on
doit leur savoir gré, dans le protocole de ces réceptions.
Leur venue avait été annoncée à la Société, ia
veille, et il était permis de croire que la petile
fête se passerait à la manière accoutumée et suivant le rite consacré. Ces dragons étaient patriotes
et espéraient que les Amis de la Constitution auraient lieu de se montrer satisfaits « de leur arrivé et de leurs *sevices* ».

Le Cẹn Cloze a monté a la tribune et a fait part
à la Société que 25 dragons étoient arrivés dans

nos murs et qu'ils esperoient que nous aurions
lieu d'être content de leur arrivé et de leur sevices.

(11 prairial an II.)

Le rédacteur de ce procès-verbal ne pouvait se
figurer avoir aussi exactement employé le mot
propre. Le 31 mai 1794, la visite des dragons faillit très mal finir. C'est tout juste si une réclamation des cavaliers pour une indemnité de route
non perçue ne la fit pas se terminer par des voies
de fait dont se serait mal accommodé l'héroïsme
des sociétaires.

Un dragon a paru a la barre, ayant obtenu la
parole, il s'est plaint de ce qu'il ne lui avoit pas
été compté indépendamment de l'etape 3 sols par
lieües (1). Un membre ayant observé que non
seulement la Société n'étoit pas competente pour
juger cette affaire, mais encore que la réclamation
de ce militaire étoit contraire à la Loi, l'ordre du
jour invoqué, il a été adopté.
Un Dragon ayant de nouveau demandé la parole sur le meme objet, la Societé ayant persisté

---

(1) Pour les simples — et ils étaient le nombre —
les Sociétés populaires semblent bien détenir tous les
pouvoirs. C'est à elles que s'adressent des troupiers de
passage pour une indemnité de route non perçue. Le
plus étonnant est que la Société de Blois se soit, pour
une fois, déclarée incompétente. Ces dragons n'avaient
pas l'art de lui plaire.

dans son areté ; il s'est permis de dire en sortant d'un ton menaçant : S'il 'y avoit 4 ou 5 bons b..... comme moi, nous verrions bien si l'on ne m'entendrois pas ? — Alors, le President ayant mis en deliberation la conduite insultante de ce militaire, la Société a arêté qu'il seroit apprehendé au corps et conduit de suite à la Municipalité, ce qui s'est exécuté, laquelle d'après les raports ci dessus faits a constitué ce Dragon prisonnier jusqu'à ce que le juge de paix en ait autrement ordonné.

(12 prairial an II.)

La Municipalité, le juge de paix... Toujours la confusion des pouvoirs, alors que le militaire fautif semblait surtout relever du service de la place. Ce dragon était, cependant, dans le vrai. La Société eut certainement écouté ses réclamations, s'il se fût trouvé quatre ou cinq bons bougres comme lui pour les appuyer, tant il est vrai que, le plus souvent il eut suffi d'un peloton énergiquement commandé pour balayer l'assemblée de ces bavards malfaisants.

Pourtant, malgré les efforts des sociétés populaires pour achever sa désorganisation, malgré les vides amenés dans le commandement par l'émigration et par la guillotine, l'armée devait se ressaisir.

Aux bataillons de volontaires et aux régiments mutinés, les fuyards des premières paniques de

1792, succéderont les demi-brigades, superbes d'endurance et de courage, qui devaient rendre la France victorieuse.

A la dure école de la guerre, les généraux apprendront leur métier de divisionnaires et de chefs de corps ; à la tactique de Frédéric II, à laquelle, bien intentionnés, mais attardés, resteront fidèles les représentants en mission, ils substitueront une tactique nouvelle qui assurera le triomphe de leurs armes.

Des champs de bataille de l'Europe naîtra la gloire impérissable d'un homme et quand, las d'émeutes, de proscriptions et d'assassinats, le pays voudra, à son tour, se ressaisir et joindre la paix intérieure aux trophées de ses victoires, il suffira de quelques grenadiers pour balayer le Conseil des Cinq-Cents et pour faire momentanément s'évanouir le cauchemar de l'anarchie et des sociétés populaires.

Suivant le mot de Siéyès, il fallait pour sauver la France une tête et une épée.

Napoléon la prit moins qu'elle ne se donna. Il fut pour elle non le maître, mais l'amant attendu et longtemps désiré.

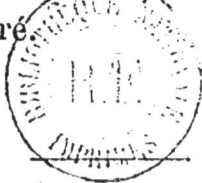

INDEX DES NOMS CITÉS

TABLE DES MATIÈRES

VIII

IX

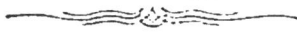

ERRATA

Ajouter :

Page 23, *dernière ligne au bas de la page :*
présenter une pétition à l'Assemblée nationale

Page 24, *dernière ligne au bas de la page :*
litaire, ce qui a toujours été le rêve d'une démo-

Page 126, *dernière ligne au bas de la page :*
sa mission auprès du Comité militaire et a fait

H. DARAGON, Imprimeur-Editeur. — Paris (IXe)

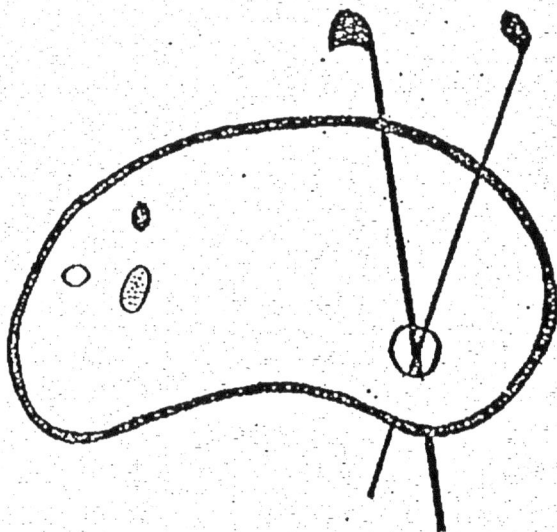

ORIGINAL EN COULEUR
NF Z 43-120-8